COLECCIÓN PASO A PASO
AUTOAPRENDIZAJE DE LA GRAMÁTICA ESPAÑOLA

LOS TIEMPOS DEL PASADO DEL INDICATIVO

Paula Gozalo Gómez

A mi hijo Jan

Colección dirigida por:
- ***María Luisa Coronado González***
  Escuela Oficial de Idiomas de Madrid
- ***Javier García González***
  Universidad Autónoma de Madrid

© Paula Gozalo Gómez
© Editorial Edinumen, 1997

Editorial Edinumen
Piamonte, 7 -28004-Madrid
Teléf: 3 08 51 42
Fax: 319 93 09
e-mail: edinumen@mail.ddnet.es
Internet: http://www.ddnet.es/numen
I.S.B.N.: 84-89756-84-8
Depósito Legal: M-32186-1997
Diseño y maquetación: Juanjo López
Imprime: Gráficas Hispalisa
Coslada (Madrid)

Índice

Los libros de esta colección se han escrito pensando en muchas clases de estudiantes:

a) En ti, que quieres saber cómo funciona la gramática del español, pero no estás interesado en aprender teoría gramatical.

b) En ti, que sabes mucha gramática, pero estás interesado en entender cómo funciona en el uso real.

c) En ti, que quieres descubrir tú mismo las "reglas" que están detrás de la lengua.

d) En ti, que quieres que te expliquen las "reglas" y después aplicarlas.

Por eso, los libros te ofrecen la oportunidad de trabajar de formas diferentes:

- Hay, primero, un índice que en realidad son dos índices: a la izquierda tienes ejemplos de lo que vas a estudiar, y a la derecha el nombre gramatical. Así puedes buscar lo que te interesa de dos formas: si conoces la terminología gramatical, puedes buscar en el lado derecho; si no la conoces y no te interesa, puedes encontrar lo que quieres buscando un ejemplo en el lado izquierdo.

- En segundo lugar, tienes una parte que se llama *¿Qué necesito?* y que te servirá para saber qué apartados del libro necesitas consultar y cuáles no. En *¿Qué necesito?* tienes preguntas sobre todo lo que se estudia en el libro, y después de todas las preguntas están las respuestas. Al lado de las respuestas tienes el número del apartado correspondiente del libro. Esto te permite utilizar el libro de dos formas: o empezando desde la primera página hasta el final, siguiendo el orden, o trabajando solamente con los contenidos que has seleccionado en *¿Qué necesito?*

- Después tenemos los contenidos del libro, divididos en tres niveles (1, 2 y 3). En cada apartado (1.1., 1.2., etc.), la primera actividad o primeras actividades (A, B,...) te permiten descubrir tú mismo la "regla" del tema que estás estudiando; si no quieres hacerlo, puedes consultar directamente la clave de esa actividad al final del libro y después hacer los otros ejercicios.

A lo largo del libro encontrarás secciones de evaluación que te servirán para decidir si tienes que trabajar más o no.

Al final están las respuestas (claves) de todas las actividades de los niveles 1, 2 y 3.

Los autores de los libros son españoles, y por eso el tipo de lengua que se utiliza en ellos es el español de uso mayoritario en España (aunque encontrarás también información general sobre otros usos en América).

Con estos libros puedes seguir tu propio camino para comprender y practicar temas concretos de la gramática española. Esperamos que te sea útil.

LOS DIRECTORES DE LA COLECCIÓN:

Javier García González
Mª Luisa Coronado González

Nos gustaría recibir tus comentarios sobre el libro o libros que hayas utilizado, así como sugerencias sobre posibles temas que te interesen y no estén publicados. Puedes enviárnoslos a la editorial Edinumen.

Prólogo para profesores

Aunque el propósito fundamental de esta colección es servir de apoyo al estudiante que, asista o no a clases de español, quiere trabajar la gramática de forma autodirigida, puede también proporcionar ideas a los profesores, especialmente para la presentación de elementos gramaticales.

Los diferentes aspectos de los temas tratados se presentan de forma inductiva, es decir, permiten al alumno descubrir por sí mismo el funcionamiento de la gramática. Por ello, estas actividades de "toma de conciencia" o "reflexión" gramatical son perfectamente trasladables al aula, aunque, en este caso, gracias al trabajo en pareja o en grupo, las actividades se convertirán en verdaderas "tareas formales".

No creemos ni pretendemos hacer creer que sean suficientes la percepción y práctica controlada de elementos gramaticales discretos para lograr su interiorización y posterior utilización en la comunicación. Lo que presentamos es un material que sirva para el aprendizaje de la gramática (entendiendo ésta como una unión de la forma y sus funciones comunicativa, discursiva y pragmática), pero este proceso deberá ir acompañado de otro tipo de instrucción que dé a los estudiantes oportunidades de utilizar con fines comunicativos los elementos formales.

LOS DIRECTORES DE LA COLECCIÓN:

Javier García González
Mª Luisa Coronado González

I ¿Qué necesito?

Nivel 1

1 ¿Puedes completar el cuadro?

	SALIR	
YO		
TÚ		
ÉL, ELLA, USTED		
NOSOTROS/AS	*hemos comido*	
VOSOTROS/AS		
ELLOS/AS, USTEDES		*han hablado*

2 Completa:

a) Hacer (yo) ___*he hecho*___

b) Decir (vosotros) _____

c) Ver (ellos) _____

d) Romper (tú) _____

3 Completa la biografía del famoso escritor español Lope de Vega:

A. (Él, nacer) _____ en Madrid en 1562.

B. (Él, asistir) _____ al estudio de Vicente Espinel.

C. (Él, estudiar) _____ más tarde con los jesuitas, en la Academia Real y en las universidades de Alcalá y Salamanca.

D. Se (Él, casar) _____ dos veces, una con Isabel de Urbina, y otra con Juana Guardo.

⇨

E. El último amor de su vida (ser) _____ Marta de Nevares.

F. En 1614 se (hacer) _____ sacerdote.

G. (Él, morir) _____ en Madrid en 1635.

4 ¿Cuáles de las siguientes frases te parecen correctas?

a) Todavía no ha terminado los ejercicios.
b) Ayer he comido demasiado.
c) Tom Hanks ha ganado dos Oscars.
d) Hace cinco años he ido a París para estudiar francés.
e) Shakespeare ha muerto en 1616.
f) Luis terminó la carrera el año pasado.
g) ¿Montaste alguna vez en avión?
h) Esta semana he visto dos películas.
i) Cervantes murió en Madrid.

5 Completa el cuadro:

	SER		
YO			
TÚ			
ÉL, ELLA, USTED	*miraba*		
NOSOTROS/AS			
VOSOTROS/AS			
ELLOS/AS, USTEDES			*decían*

6 Completa con los tiempos del pasado adecuados:

a) De pequeña (yo, ser) _____1_____ muy despistada. Siempre (yo, olvidar) _____2_____ la cartera en el colegio.

b) Cuando (nosotros, vivir) _____1_____ en el pueblo, (nosotros, ir) _____2_____ todas las tardes a jugar a un pequeño arroyo que (haber) _____3_____ cerca de nuestra casa.

c) En los años cincuenta aún no (existir) _____ los discos compactos.

d) En el siglo XIX las mujeres no (usar) _____ pantalones.

1 Completa:

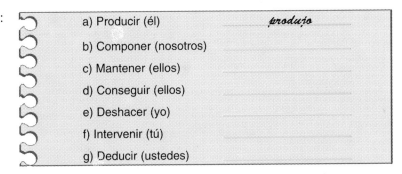

- a) Producir (él) _____ *produjo* _____
- b) Componer (nosotros) _____
- c) Mantener (ellos) _____
- d) Conseguir (ellos) _____
- e) Deshacer (yo) _____
- f) Intervenir (tú) _____
- g) Deducir (ustedes) _____

2 En una tienda se establece el siguiente diálogo:

> – Buenos días, ¿qué desea?
>
> – <u>Quería</u> un litro de leche

a) ¿La forma subrayada hace referencia al pasado?

b) ¿Puedes sustituirla por otro tiempo?

3 ¿Qué frases te parecen correctas?

a
- 1. Viví en Alemania cinco años
- 2. Vivía en Alemania cinco años
- 3. Vivía en Alemania cuando cayó el muro de Berlín

b
- 1. Ayer estuve trabajando hasta las ocho
- 2. Ayer estaba trabajando cuando tú me llamaste
- 3. Ayer estaba trabajando hasta las ocho

c
- 1. María siempre fue muy amable con nuestra familia
- 2. María siempre era muy amable con nuestra familia

d
- 1. Había mucha gente en la fiesta de Pedro
- 2. Hubo mucha gente en la fiesta de Pedro

4 Completa con el tiempo adecuado del pasado:

a) El domingo no (yo, salir) _____1_____ de casa porque me (doler) _____2_____ la cabeza.

b) Hoy (nosotros, ver) _____1_____ a Juan mientras (él, pasear) _____2_____ por el parque.

c) Cuando te (yo, conocer) _____1_____ (tú, ser) _____2_____ la persona más tímida del mundo.

d) Ayer por la tarde (yo, ir) _____1_____ a comprarte el libro que (tú, querer) _____2_____ para tu cumpleaños.

e) Cuando Luis (tener) _____1_____ cinco años, (él, ir) _____2_____ a París con sus padres.

5 Completa con el tiempo adecuado del pasado:

a) En el siglo XII, aún no (inventarse)_____ la imprenta.

b) Cuando el Guernica˙ volvió a España, Franco y Picasso ya (morir)_____.

c) En 1945 la India todavía no (conseguir)_____ la independencia.

(*) Famoso cuadro de Picasso inspirado en los horrores de la guerra civil española.

Nivel 3

1 Completa este texto sobre la famosa cantante de ópera María Callas:

Cuando María (venir) _____1_____ al mundo, en 1923, sus padres (llevar) _____2_____ cuatro meses viviendo en Nueva York, adonde (ellos, emigrar) _____3_____ desde Atenas en busca de una mejora económica que no llegaría. El padre, George, (ser) _____4_____ farmacéutico, y estaba empeñado en que el nuevo bebé fuera un varón, para sustituir al pequeño Vassily, que (morir) _____5_____ a los tres años, víctima de una epidemia de tifus. La hija mayor, Jakinthy, (ser) _____6_____ muy guapa y lo (ella, seguir) _____7_____ siendo, mientras que María nunca (distinguirse) _____8_____ por su belleza.
El desamor y la conciencia de ser un patito feo la (convertir) _____9_____ en una niña glotona e insatisfecha hasta que (ella, darse) _____10_____ cuenta de que su voz (ser) _____11_____ lo único que (poder) _____12_____ defenderla.

(El País Semanal)

2 Pon los verbos subrayados en otro tiempo:

      a) En 1492 se publica la primera gramática de la lengua castellana.
      b) En 1963 moría asesinado en Dallas John F. Kennedy.
      c) Francisco de Goya nace en 1746 en Fuendetodos (Zaragoza).
      d) La guerra civil española comenzaba en 1936.
      e) En 1992 se celebran los Juegos Olímpicos de Barcelona.

3 Elige el tiempo correcto:

      a) Ahora no puedo atenderte porque ya **me iba/me fui**.
      b) Si yo fuera tú, no **dejé/dejaba** que me trataran así.
      c) Mañana **pensaba/pensé** ir al cine.
      d) Hoy que me **sabía/supe** la lección el profesor no me ha preguntado.

4 Sustituye los verbos subrayados por otro tiempo del pasado:

    a) Apenas hubo hecho su declaración, el testigo se marchó.
    b) Cuando hubo terminado su exposición, salió de la sala de conferencias.
    c) Una vez hubieron salido los jugadores al estadio, el público empezó a aclamarlos

5 Aquí tienes tres citas de personajes célebres. Lee lo que dijeron y completa la reproducción de sus palabras:

OSCAR WILDE:
    "Mis deseos son órdenes para mí".

CHARLES CHAPLIN:
    "La vida ha dejado de ser un chiste para mí, no le veo la gracia"

SÓCRATES:
    "Sólo sé que no sé nada".

a   OSCAR WILDE DIJO QUE sus deseos _____ órdenes para él.

b   SÓCRATES DIJO QUE sólo _____ que no _____ nada.

c   CHARLES CHAPLIN DIJO QUE la vida _____ un chiste para él, que no le _____ la gracia.

Nivel 1

1.

	COMER	SALIR	HABLAR
Yo	he comido	he salido	he hablado
Tú	has comido	has salido	has hablado
Él, ella, usted	ha comido	ha salido	ha hablado
Nosotros, nosotras	hemos comido	hemos salido	hemos hablado
Vosotros, vosotras	habéis comido	habéis salido	habéis hablado
Ellos/as, ustedes	han comido	han salido	han hablado

(Apartado 1.1.1. del nivel 1)

2. a) He hecho;b) habéis dicho; c) han visto; d) has roto

(Apartado 1.1.2. del nivel 1)

3. a) Nació; b) asistió; c) estudió; d) casó; e) fue; f) hizo; g) murió

(Apartado 2 del nivel 1)

4. Son correctas las frases a,c,f,h,i

(Apartados 1.2., 2.2., y 3 del nivel 1)
(Apartado 1.2. del nivel 2)

5.

	MIRAR	SER	DECIR
Yo	miraba	era	decía
Tú	mirabas	eras	decías
Él, ella, usted	miraba	era	decía
Nosotros, nosotras	mirábamos	éramos	decíamos
Vosotros, vosotras	mirabais	erais	dicíais
Ellos/as, ustedes	miraban	eran	decían

(Apartado 4.1. del nivel 1)

6.
a) 1. Era 2. olvidaba   c) Existían
b) 1. Vivíamos 2. íbamos 3. había   d) Usaban

(Apartado 4.2. del nivel 1)
(Apartados 2.1.1. y 2.1.2. del nivel 2)

Nivel 2

1.
a) Produjo b) compusimos c) mantuvieron
d) consiguieron e) deshice f) interviniste
g) dedujeron

(Apartado 1.1 del nivel 2)

2.
a) No, al presente. b) Quiero o querría

(Apartado 2.1.3 del nivel 2)

3.
a) 1 y 3 c) Las dos son correctas
b) 1 y 2 d) Las dos son correctas

(Apartado 2.2 del nivel 2)
(Apartado 1 del nivel 3)

4.
a) 1. Salí 2. dolía d) 1. Fui 2. querías
b) 1. Hemos visto 2. paseaba e) 1. Tenía 2. fue
c) 1. Conocí 2. eras

(Apartado 2.2 del nivel 2)

5.
a) Se había inventado; b) habían muerto; c) había conseguido

(Apartado 3 del nivel 2)

Nivel 3

1.
1. Vino 5. había muerto 9. convirtieron
2. llevaban 6. era 10. dio
3. habían emigrado 7. siguió 11. era
4. era 8. se distinguió 12. podía

(Apartado 2.2 del nivel 2)
(Apartado 1 del nivel 3)

2.
a) Se publicó; b) murió; c) nació; d) comenzó; e) se celebraron

(Apartado 2 del nivel 3)

3. a) Ahora no puedo atenderte porque ya me iba
b) Si yo fuera tú, no dejaba que me trataran así
c) Mañana pensaba ir al cine
d) Hoy que me sabía la lección el profesor no me ha preguntado

(Apartado 3 del nivel 3)

4. a) Hizo o había hecho
b) Terminó o había terminado
c) Salieron o habían salido

(Apartado 4 del nivel 3)

5. a) Oscar Wilde dijo que sus deseos eran órdenes para él.
b) Sócrates dijo que sólo sabía que no sabía nada.
c) Charles Chaplin dijo que la vida había dejado de ser un chiste para él, que no le veía la gracia.

(Apartado 5 del nivel 3)

nivel 1

1 Has empezado, hemos empezado (El pretérito perfecto)

Observa estas frases:

> a) ¿Has montado alguna vez en avión?
> b) ¿Habéis terminado ya los ejercicios?
> c) ¿Cuántas veces ha estado usted en España?
> d) ¿A qué hora se han levantado hoy?
> e) ¿Has visto la última película de Almodóvar?

¿Se refieren al pasado, al presente o al futuro?

1.1. ¿Cómo se hace?

1. 1. 1. Has llegado, comido, vivido (Verbos regulares)

A Lee este diálogo entre dos amigos sobre un viaje a la India:

CARLOS: ¿Has estado alguna vez en la India?
JOSÉ: No, ni siquiera he salido de Europa, pero unos amigos míos han ido este verano y les ha gustado mucho, así que han pensado volver el año próximo.
CARLOS: Mi novia y yo queremos ir dentro de un mes y ya hemos reservado los billetes de avión, hemos conseguido una oferta especial.
JOSÉ: ¡Qué suerte habéis tenido! Un compañero mío ha pagado una fortuna por un viaje al Caribe.

Relaciona:

Has estado ●	● Carlos
He salido ●	● Unos amigos
Han ido ●	● Un compañero
Han pensado ●	● Carlos y su novia
Hemos conseguido ●	● José
Habéis tenido ●	
Ha pagado ●	

B En el diálogo aparecen subrayadas varias formas del tiempo que estás estudiando:

a) ¿Cuál corresponde al verbo SALIR? _____

b) ¿Cuál corresponde al verbo PENSAR? _____

c) ¿Cuál corresponde al verbo IR? _____

d) ¿Cuál corresponde al verbo TENER? _____

e) ¿Cuál corresponde al verbo ESTAR? _____

f) ¿Cuál corresponde al verbo PAGAR? _____

C Este tiempo está compuesto por dos palabras. ¿Cuál de ellas se repite siempre?

D Para formar la segunda parte de este tiempo sustituimos

La terminación -AR por _____

La terminación -ER por _____

La terminación -IR por _____

E Completa el siguiente cuadro:

	HABLAR			TRAER
YO			he cantado	
TU				
ÉL, ELLA, USTED		ha venido		
NOSOTROS/AS			hemos cantado	
VOSOTROS/AS		habéis venido		
ELLOS/AS, USTEDES				

F En la siguiente carta, Ana le cuenta a su amigo Luis cómo le ha ido su primera semana en Madrid. Completa el texto con la segunda parte del tiempo que has estudiado. Puedes utilizar estos verbos:

CONOCER - LLAMAR - DECIDIR - VISITAR - SER - LEVANTAR
TENER - IR - DESAYUNAR

Querido Luis:

Mi primera semana en Madrid ha _____ estupenda. He _____ sitios maravillosos y he _____ a mucha gente. Todavía no he _____ al Museo del Prado. No he _____ tiempo. Seguramente iré hoy, es domingo y me he _____ muy tarde. He _____ a un amigo y hemos _____ café con churros en un bar. La vida aquí es muy sencilla.

¿Has _____ ya cuándo vas a venir a verme?

Escríbeme pronto. Un abrazo.

Ana

1. 1. 2. Has hecho, vuelto, dicho (Verbos irregulares)

A   Lee el siguiente anuncio en el que aparece el tiempo que estás estudiando:

Completa:

Has llegado ⇨	*llegar*
Has liberado ⇨	_____
Has cambiado ⇨	_____
Has enseñado ⇨	_____
He estado ⇨	_____

B ¿Qué formas corresponden a los verbos ABRIR y DESCUBRIR?

C Relaciona:

a) Hacer •	• 1. Abierto
b) Decir •	• 2. Puesto
c) Poner •	• 3. Visto
d) Volver •	• 4. Roto
e) Morir •	• 5. Hecho
f) Abrir •	• 6. Escrito
g) Ver •	• 7. Vuelto
h) Romper •	• 8. Muerto
i) escribir •	• 9. Dicho

D Completa este diálogo entre dos amigas con el tiempo estudiado:

LAURA:¡Hola Cristina! ¿Qué tal?

CRISTINA: Muy bien, ¿y tú? No nos (nosotros, ver)_____1_____ en toda la semana.

LAURA: (Yo, estar)_____2_____ muy ocupada y no (yo, tener)_____3_____ tiempo para nada.

CRISTINA: Yo tampoco (parar)_____4_____. (Nosotros, hacer)_____5_____ reformas en casa. (Ser)_____6_____ una semana terrible.

LAURA: (Yo, invitar)_____7_____ a algunas amigas a tomar café en mi casa mañana. ¿Por qué no vienes?

CRISTINA: Te lo agradezco, pero les (yo, decir)_____8_____ a mis hijos que mañana iríamos al cine. Otra vez será.

LAURA: De acuerdo. Hasta pronto.

E Completa:

El pretérito perfecto (*he estado, has dicho*) se forma con el (*a. presente; b. pasado; c. futuro*) _____ del verbo HABER más el (*a. INFINITIVO; b. PARTICIPIO; c. GERUNDIO*) _____ del verbo elegido.

1. 2. 1. Esta semana no he trabajado (Marcadores temporales)

A Observa estas frases dichas el lunes, 21 de abril de 1996

> Hoy me he levantado muy tarde
> Este año no hemos tenido vacaciones
> Esta semana he estado en Londres

a) ¿Qué día corresponde a HOY?
b) ¿Qué año corresponde a ESTE AÑO?
c) ¿Qué semana corresponde a ESTA SEMANA?

B Lee estas dos frases y elige la opción adecuada:

a **Los niños todavía no han desayunado**

Alguien dijo esta frase: ❏ 1. Hace dos horas
❏ 2. Hace dos días

b **Luis ya ha terminado la carrera**

Ha terminado: ❏ 1. Hace cinco años
❏ 2. Hace un mes

C Juan ha tenido un día duro. Ordena las siguientes acciones utilizando el tiempo estudiado:

- Ir a trabajar
- Desayunar
- Volver a casa a las 10 de la noche
- Levantarse a las 8:30 de la mañana
- Salir muy tarde del trabajo
- Comer con sus compañeros
- Despertarse a las 8 de la mañana

Hoy Juan...

1. -
2. -
3. -
4. -
5. -
6. -
7. -

nivel 1

D Elige la opción adecuada:

El pretérito perfecto se usa con expresiones temporales como _____ (*a.* Hoy, este año, esta semana, todavía, ya, etc; *b.* Ayer, el año pasado, hace diez años, el mes pasado, en 1930, etc.)

E Completa con las palabras que tienes abajo:

El pretérito perfecto se usa con _____ temporales _____ con el momento en que se _____.

HABLA — EXPRESIONES — RELACIONADAS

1. 2. 2. Has estado (alguna vez) en Sevilla (Experiencias)

A Adivina quién es el personaje famoso:

a
– Se ha cambiado el color de la piel
– Se ha casado dos veces
– Ha grabado muchos discos
– Ha trabajado con sus hermanos

b
– Ha hecho una revolución
– Ha cumplido más de cincuenta años
– Siempre ha llevado barba

B ¿Qué sabes sobre España? Completa el siguiente test:

A. ¿(Tú, comer) _____ paella alguna vez?   ❑ sí   ❑ no

B. ¿(Tú, ver) _____ La Sagrada Familia
   de Gaudí?   ❑ sí   ❑ no

C. ¿(Tú, ir) _____ a una corrida de toros? ❏ sí ❏ no

D. ¿(Tú, visitar) _____ el Museo del Prado? ❏ sí ❏ no

E. ¿(Tú, estar) _____ en Granada? ❏ sí ❏ no

F. ¿(Tú, beber) _____ sidra alguna vez? ❏ sí ❏ no

G. ¿(Tú, bailar) _____ flamenco? ❏ sí ❏ no

C Completa:

El pretérito perfecto (*he dicho, has dicho*) se usa para hablar de _____ vividas _____ o no vividas _____ a lo largo de nuestra vida hasta _____.

YA - HOY - TODAVÍA - EXPERIENCIAS

NOTA: En el norte de España, las Islas Canarias e Hispanoamérica en lugar de usar este tiempo se utiliza muchas veces otro tiempo del pasado (por ejemplo, **Hoy trabajé mucho**).

1.3. Autoevaluación

A Miguel ha tenido hoy muchos problemas. Sigue el modelo:

No encuentra las llaves (perderlas) ⇨ *Las ha perdido*

a) El ascensor no funciona (estropearse) ⇨ *Se*

b) No tiene dinero (olvidar la cartera en casa) ⇨ _____

c) No tiene tiempo (llegar tarde al trabajo) ⇨ _____

d) Su jefe está furioso (darle trabajo extra) ⇨ *Le*

e) Tiene mucha hambre (no comer nada hoy) ⇨ _____

B Completa el siguiente cuadro:

	DECIR	VOLVER	
YO			*he visto*
TÚ			
ÉL, ELLA, USTED		*ha hecho*	
NOSOTROS/AS			
VOSOTROS/AS			
ELLOS/AS, USTEDES			

C ¿Qué acontecimientos han ocurrido ya en este siglo y cuáles no han ocurrido todavía?

- El hombre **llegar** a la luna
- **Descubrirse** la vacuna contra la malaria
- **Nacer** la televisión
- Los médicos **encontrar** un remedio contra el cáncer
- Una mujer **ser** presidente de EEUU
- Alguien **vivir** más de 150 años

Ya han ocurrido

No han ocurrido todavía

2 Llegué, llegaste
(El pretérito indefinido o perfecto simple)*

En el anuncio aparece una forma en pasado, ¿cuál es? ¿A qué verbo corresponde?

El sabor de Baileys nos llevó
a un mundo lleno de emociones.
Hoy seguimos disfrutándolo juntos.

EL SABOR DE TUS EMOCIONES

(*) Utilizaremos con más frecuencia el término **pretérito indefinido**

2.1. ¿Cómo se hace?

2. 1. 1. Bailé, comí, salí (Verbos regulares)

A ¿Sabes cuándo ocurrió? Completa las frases con las fechas que aparecen abajo:

a) En _____ estalló la Revolución Francesa
b) En _____ el hombre llegó a la luna
c) En _____ terminó la Segunda Guerra Mundial
d) En _____ comenzó la Guerra Civil española
e) En _____ se celebraron los Juegos Olímpicos de Atlanta
f) En _____ España perdió sus últimas colonias en América
g) En _____ Colón descubrió América
h) En _____ salieron de España muchos intelectuales tras acabar la Guerra Civil.

1898 - 1969 - 1492 - 1939 -1945 - 1996 - 1936 - 1789

B Completa:

- Estalló   *estallar*   • Celebraron
- Llegó   • Perdieron
- Terminó   • Descubrió
- Comenzó   • Salieron

C Lee el siguiente diálogo:

MARÍA: Ayer te perdiste la fiesta de Pedro.
ENRIQUE: Ya, pero es que Mónica y yo llegamos a casa muy cansados; yo me acosté enseguida. ¿A qué hora terminasteis?
MARÍA: Muy tarde, a las dos de la mañana. Empezaron a las diez, yo llegué después. ¿Te llamó Pedro?
ENRIQUE: Sí, nos dejó un mensaje en el contestador.

Relaciona:

Empezaron •	• Pedro
Perdiste •	• Enrique
Llegamos •	• María
Dejó •	• Mónica y Enrique
Llegué •	• María y los invitados
Terminasteis •	• Todos los invitados
Acosté •	excepto María

D Fíjate bien en los verbos que aparecen abajo y distribúyelos en las dos columnas:

- Escribimos
- Pensasteis
- Vivió
- Salieron
- Vendí
- Pensó
- Mandaste

- Saliste
- Bebió
- Comí
- Pensé
- Comió
- Compraron
- Mandé

-AR   -ER / -IR

E Completa el siguiente cuadro:

	PENSAR			ABRIR
YO		*bebí*		
TÚ				
ÉL, ELLA, USTED				
NOSOTROS/AS	*pensamos*			
VOSOTROS/AS				*abristeis*
ELLOS/AS, USTEDES			*escribieron*	

F El año pasado Pedro leyó *Cien años de soledad* ¿A qué verbo corresponde la forma **leyó**?

G

a ¿Qué tienen en común estos verbos? Fíjate en las letras:
- Creer
- Huir
- Caer
- Construir
- Leer

b Relaciona las dos columnas:

Creer •   • Cayó
Huir •   • Construyó
Caer •   • Huyeron
Construir •   • Leyeron
Leer •   • Creyó

H Completa el siguiente cuadro:

	CREER		CAER	
YO		*leí*		
TÚ				*huiste*
ÉL, ELLA, USTED				
NOSOTROS/AS				
VOSOTROS/AS				
ELLOS/AS, USTEDES		*leyeron*		*huyeron*

I Completa el diálogo con el tiempo que estás estudiando:

– El otro día (tú, salir) _____1_____ muy tarde del trabajo, ¿no?

+ Sí, me (yo, quedar) _____2_____ terminando un informe urgente.

– ¿Lo (tú, entregar) _____3_____ a tiempo?

+ Sí, lo (yo, enviar) _____4_____ por fax ayer por la mañana.

J Completa los siguientes datos de la biografía de Mick Jagger con el tiempo que estamos estudiando:

- Michael Philip Jagger (nacer) _____1_____ en Dartford (Kent) el 26 de julio de 1943, hijo de Eva y Joe Jagger, profesor de educación física.

- (Estudiar) _____2_____ dos años en la London School of Economics.

- En 1963 (formar) _____3_____ el grupo Rolling Stones.

- En los dos siguientes años (ellos, lograr) _____4_____ hacerse famosos en Europa y América.

- A los 41 años (grabar) _____5_____ su primer disco en solitario.

El País Semanal
(adaptado)

1492. Cronología. Los acontecimientos de ese año cambiaron el mundo. Completa las frases con el tiempo que estamos estudiando:

Enero: Los Reyes Católicos (entrar) _____1_____ en la ciudad de Granada.

Febrero: Nebrija (publicar) _____2_____ la primera gramática de la lengua castellana.

Marzo: (Nacer) _____3_____ Juan Luis Vives.
Los Reyes Católicos (expulsar) _____4_____ a los judíos de España.

Agosto: Cristóbal Colón (salir) _____5_____ del puerto de Palos.

Octubre: Cristóbal Colón (llegar) _____6_____ a San Salvador.
Colón (descubrir) _____7_____ la isla de Cuba.

El País Semanal

(adaptado)

2. 1. 2. Hice, fuiste, durmió
(Verbos irregulares)

A Lee el anuncio:

Cuando conseguí el ascenso, ninguna felicitación fue tan sincera, tan emocionante, tan cariñosa y tan generosa, como la que me hice a mí misma.

EL DIAMANTE DE MONSERRAT FELIU

Nacido hace 3 millones de años (aprox.). Tallado en 1995 por Sanjay Ralham en forma de brillante. Montado en un magnífico colgante por un remontado diseñador italiano. Descubierto en una joyería de Zaragoza por Monserrat, que se lo compró para hacer aún más brillante su carrera. Si desea un catálogo de la colección Venus Diamonds de Damiani o dónde adquirirlos desde 250.000 pts. llame al Tel. 902 20 00 22

Un diamante es para siempre
De Beers

a ¿Qué forma corresponde al verbo SER?

b ¿Qué forma corresponde al verbo HACER?

c Relaciona:

conseguí •	• YO
	• TÚ
	• ÉL

¿A qué verbo corresponde?

B Lee el texto:

Localiza en el texto las formas que pertenecen a estos verbos:

a   Pedir   (Él)

b   Dormir (Él)

         (Ellos)

c   Seguir   (Ellos)

> Ayer Maite y Pablo no durmieron casi nada. Sus vecinos celebraron una fiesta y el ruido era insoportable. Pablo subió a su casa y les pidió que no hicieran tanto ruido, pero ellos siguieron cantando y bailando hasta las cinco de la mañana. Pablo tenía que levantarse a las siete, así que sólo durmió dos horas.

C Relaciona los elementos de las dos columnas:

a) Hacer •	• 1. (yo) supe
b) Venir •	• 2. (yo) pude
c) Haber •	• 3. (él) dijo
d) Poder •	• 4. (yo) tuve
e) Traer •	• 5. (él) quiso
f) Decir •	• 6. (él) trajo
g) Querer •	• 7. (yo) puse
h) Saber •	• 8. (yo) anduve
i) Poner •	• 9. (él) vino
j) Tener •	• 10. (yo) estuve
k) Andar •	• 11. (él) hizo
l) Estar •	• 12. (yo) hube *

(*) La parte subrayada es la que se pronuncia con mayor intensidad.

D Divide los verbos en tres grupos:

estar ⇨ estuv-   poder ⇨ pud-
saber ⇨ sup-   querer ⇨ quis-
hacer ⇨ hic/z   decir ⇨ dij-
andar ⇨ anduv-   poner ⇨ pus-
venir ⇨ vin-   tener ⇨ tuv-
traer ⇨ traj-   haber ⇨ hub-

verbos con -u	verbos con -i	verbos con -j
Estar - estuv-	*Venir - vin-*	*Decir - dij-*

E Compara:

	COMER	PONER
Yo	comí	puse
tú	comiste	pusiste
él, ella, usted	comió	puso
nosotros/-as	comimos	pusimos
vosotros/-as	comisteis	pusisteis
ellos/-as, ustedes	comieron	pusieron

¿Qué formas funcionan de manera distinta en cuanto a la pronunciación?

F Elige la opción correcta:

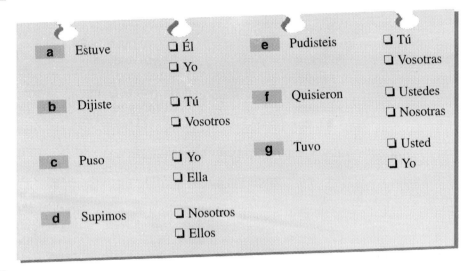

a Estuve
❑ Él
❑ Yo

b Dijiste
❑ Tú
❑ Vosotros

c Puso
❑ Yo
❑ Ella

d Supimos
❑ Nosotros
❑ Ellos

e Pudisteis
❑ Tú
❑ Vosotras

f Quisieron
❑ Ustedes
❑ Nosotras

g Tuvo
❑ Usted
❑ Yo

G Completa el cuadro:

	PODER			VENIR
YO			*anduve*	
TÚ				
ÉL, ELLA, USTED	*trajo*			
NOSOTROS/AS		*pudimos*		
VOSOTROS/AS			*anduvisteis*	
ELLOS/AS, USTEDES	*trajeron*			*vinieron*

¿Qué personaje se esconde detrás de los datos?

- Fue un famoso pintor español
- Nació en Sevilla
- En 1622 fue por primera vez a Madrid
- Al final de su vida le dieron el título de caballero de Santiago
- Pintó *Las Meninas*

a) ¿En qué frase aparece el verbo IR?
b) ¿En qué frase aparece el verbo DAR?
c) ¿En qué frase aparece el verbo SER?

I Elige:

Fui	❏ Él ❏ Yo	Dimos	❏ Nosotras ❏ Ustedes
Fueron	❏ Nosotros ❏ Ellos	Dio	❏ Usted ❏ Yo
Di	❏ Yo ❏ Ella	Fuiste	❏ Tú ❏ Vosotras
Fuisteis	❏ Vosotros ❏ Tú		

J Elige la opción correcta:

		Yo	Él, ella, usted
a	Hizo	❏	❏
b	Quise	❏	❏
c	Comió	❏	❏
d	Fue	❏	❏
e	Comí	❏	❏
f	Hablé	❏	❏
g	Tuve	❏	❏
h	Puso	❏	❏
i	Puse	❏	❏
j	Quiso	❏	❏
k	Hice	❏	❏

K Completa los espacios en blanco con alguna de estas palabras: "i", "ser", "seguir", "tener", "u", "ir", "dormir", "saber". Cuando te damos posibilidades entre parén tesis, marca las respuestas correctas:

El pretérito indefinido (*fui, comiste, hizo*) tiene tres tipos de verbos (*a.* regulares; *b.* irregulares). Existen verbos como _____ y _____ que cambian la vocal "o" en _____ y la vocal "e" en _____ en las formas (*a.* yo; *b.* tú; *c.* él, ella, usted; *d.* nosotros/-as; *e.* vosotros/-as; *f.* ellos, ellas, ustedes). Existen otros verbos, como _____ o _____, que cambian mucho y tienen unas terminaciones especiales en las formas (*a.* yo; *b.* tú; *c.* él, ella, usted; *d.* nosotros/-as; *e.* vosotros/-as; *f.* ellos, ellas, ustedes). Por último, algunos verbos como _____ y _____ son totalmente (*a.* regulares; *b.* irregulares).

2.2. ¿Cuándo se usa?
La semana pasada estuve en Mallorca

A
- <u>Ayer</u> te llamé por teléfono.
- <u>El año pasado</u> fuimos a la playa.
- <u>Hace cinco años</u> estuve en Alemania.
- <u>El mes pasado</u> trabajasteis mucho.
- <u>En 1950</u> se casaron.

Alguien dijo estas frases el 3 de abril de 1996
¿Qué día corresponde a <u>ayer</u>?
¿Qué año corresponde a <u>el año pasado</u>?
¿Qué año corresponde a <u>hace cinco años</u>?
¿Qué mes corresponde a <u>el mes pasado</u>?

B TEST: ¿Qué sabes sobre la Historia de España?
Completa con el tiempo que estás estudiando:

a) ¿En qué año (comenzar)_____ la Guerra Civil?
☐ 1936   ☐ 1946

b) ¿Qué famoso escritor (morir)_____ en 1616?
☐ Cervantes   ☐ Lope de Vega

c) ¿En qué mes del año 1981 (haber) _____ un golpe de estado?
☐ diciembre   ☐ febrero

d) ¿Qué rey del siglo XVIII (ser)_____ llamado "el mejor alcalde de Madrid"?
☐ Carlos IV   ☐ Carlos III

C Completa el diálogo con el tiempo que estás estudiando:

Javier y Juan mantienen este diálogo el 11 de marzo de 1996

JAVIER: ¡Hola, Juan! Ayer te (yo, ver) _____1_____ en el cine con María. ¿Habéis vuelto a salir juntos?

JUAN: Sí. (Nosotros, decidir) _____2_____ volver la semana pasada. Ahora las cosas van mejor entre nosotros; y tú, ¿qué tal?

JAVIER: Regular. Estoy buscando trabajo porque me (ellos, echar) _____3_____ de la empresa hace un mes y mi situación económica no es muy buena.

JUAN: Lo siento, chico. A mí me (ocurrir) _____4_____ lo mismo hace dos años y lo (yo, pasar) _____5_____ muy mal, pero al final todo se (arreglar) _____6_____. A ver si tienes suerte y encuentras algo.

JAVIER: Gracias. Ya nos veremos.

D Relaciona las dos columnas:

a) Javier vio a Juan
y María en el cine ·   · 1. En 1994

b) Juan y María empezaron
a salir juntos de nuevo ·   · 2. En febrero de 1996

c) Javier perdió su trabajo · · 3. El 10 de marzo de 1996

d) Juan perdió su trabajo ·   · 4. El 6 de marzo de 1996

E Completa con una de las opciones:

a) Usamos el pretérito indefinido para informar sobre hechos del pasado _____

1. relacionados con el presente
2. que no están relacionados con el presente

b) El pretérito indefinido aparece normalmente acompañado de expresiones temporales como _____

1. Hoy, este año, esta semana, todavía...
2. Ayer, el año pasado, en 1920, hace dos meses...

2.3. Autoevaluación

a) Vosotros - bailar   *Bailasteis*

b) Él - comer

c) Tú - salir

d) Ellos - trabajar

e) Usted - beber

f) Ustedes - creer

g) Yo - caer

a) Supieron   *Saber*   f) Durmieron

b) Hicisteis   g) Fui

c) Puse   h) Dimos

d) Dijo   i) Quiso

e) Pidió   j) Tuviste

Completa estos datos de la biografía del poeta Jorge Guillén:

- (Nacer) _____1_____ en 1893 en Valladolid, España.
- Se (licenciar) _____2_____ en Letras por la Universidad de Granada en 1913.
- De 1917 a 1923 (estar) _____3_____ en París, como lector de la Universidad de la Sorbona.
- En 1924 (terminar) _____4_____ el Doctorado en Madrid.
- (Ser) _____5_____ catedrático de Lengua y Literatura de la Universidad de Murcia hasta 1929.
- En 1928 (aparecer) _____6_____ la primera edición de su libro Cántico.
- En 1929 (ir) _____7_____ a Oxford como lector.
- Catedrático de Sevilla en 1938, año en el que se (exiliar) _____8_____
- Tras la Guerra Civil y hasta 1957 (ser) _____9_____ profesor invitado en diversas universidades americanas.
- (Recibir) _____10_____ el premio Cervantes en 1976.
- (Morir) _____11_____ en Málaga, España, en 1984.

D Completa con los verbos entre paréntesis:

¡AL RICO HELADO!

Existen muchas teorías acerca del origen del helado. Las historias de la gastronomía afirman que los chinos, hace más de 2000 años (ser) _____1_____ los primeros que lo (mezclar) _____2_____ con un producto dulce, la miel. Probablemente (ser) _____3_____ ellos quienes lo (divulgar) _____4_____ entre sus vecinos, pero los árabes (enriquecer) _____5_____ la idea al añadir fruta. También nos (ellos, dejar) _____6_____ la palabra para definir el invento, porque ese primer refresco helado, el sorbete, nace del vocablo "sharbart", término que designa cualquier bebida sorbida. La mezcla daría un postre riquísimo, distinto de las simples bebidas con hielo. (Ser) _____7_____ en Sicilia donde (aparecer) _____8_____ el primer precedente del helado moderno. Primero se (añadir) _____9_____ café para hacer granizado, luego la nata. Así (empezar) _____10_____ el sabroso capricho del verano.

(Revista Clara)

E Completa con el tiempo que has estudiado el diálogo que mantienen un padre y su hijo sobre una representación teatral:

– La semana pasada (vosotros, tener) _____1_____ ensayo, ¿no?

+ Sí, pero yo no (poder) _____2_____ participar porque me (dejar) _____3_____ el texto en casa de Luis.

– Pero, ¿qué dices? ¿Cómo (tú, poder) _____4_____ olvidarte el texto? ¡Eres un despistado, hijo! ¿Y no (tú, hacer) _____5_____ nada?

+ No, me (yo, sentar) _____6_____ y (yo, observar) _____7_____ a los demás.

3 Hice, he hecho

(Contraste pretérito indefinido/pretérito perfecto)

3.1. Hoy me he levantado a las 9 / Ayer me levanté a las 7

A Completa siguiendo el primer ejemplo:

> **¡HOY ME HA TOCADO LA LOTERÍA!**
>
> a. Ayer desayuné café con churros / Hoy *he desayunado* caviar con champán.
>
> b. Ayer me puse unos vaqueros / Hoy me -*yo, poner*- _____ un traje de Armani.
>
> c. Ayer -*yo, comer*- _____ en casa / Hoy he comido en el Hotel Palace.
>
> d. Ayer fui a trabajar / Hoy -*yo, ir*- _____ de
>
> **C**

B Sitúa las expresiones temporales en una de las dos columnas:

- En 1990
- Hace cinco años
- Hoy
- Esta semana
- El año pasado
- Ayer
- Este mes
- Este año

FUIMOS MUY FELICES	HEMOS SIDO MUY FELICES

C Relaciona los elementos de las dos columnas:

Has olvidado la agenda

El ordenador se te ha estropeado

Roca

Hoy ha sido un día difícil

a) Ha caído •	• 1. Canguro*
b) Has olvidado •	• 2. La reunión
c) Se te ha estropeado •	• 3. La agenda
d) Te has saltado •	• 4. El ordenador
e) No has encontrado •	• 5. El régimen
f) Han subido •	• 6. El avión
g) Ha sido dura •	• 7. La bolsa
h) Has perdido •	• 8. Los impuestos

* Canguro: persona joven que cuida niños por horas

D Cronología de 1994. Completa con el tiempo correcto:

a Enero de 1994: Un incendio (destruir)_____ el Liceo de Barcelona

b Febrero de 1994: Una explosión (matar) _____ a sesenta y seis personas en un mercado en Sarajevo

c Marzo de 1994: Berlusconi (ganar)_____ las elecciones en Italia

d Abril de 1994: El Real Madrid (fichar)_____ a Jorge Valdano como entrenador

e Mayo de 1994: Alexander Solzhenitsin (regresar) _____ a Rusia tras veinte años de exilio

f Junio de 1994: Carlos de Inglaterra (admitir)_____ su adulterio

g Julio de 1994: (Morir) _____ Kim Il Sung, presidente de Corea del Norte

h Agosto de 1994: (Comenzar)_____ el festival Woodstock 94

i Septiembre de 1994: Miguel Induráin (batir)_____ el record de la hora en Burdeos

j Octubre de 1994: Finlandia (decir)_____ sí a la Unión Europea

k Noviembre de 1994: Carlos Sainz (perder)_____ el Mundial de Rallies

l Diciembre de 1994: El Dalai Lama (visitar)_____ Barcelona

E Verdadero o falso:

a) El pretérito indefinido se utiliza para hablar de hechos del pasado que siguen relacionados con el presente
V ❑   F ❑

b) El pretérito perfecto aparece acompañado de expresiones temporales que se refieren a un pasado acabado
V ❑   F ❑

c) El pretérito perfecto se utiliza para hablar de experiencias pasadas que afectan al presente
V ❑   F ❑

d) El pretérito indefinido se usa para hablar de sucesos pasados no relacionados con el presente
V ❑   F ❑

NOTA: .En el norte de España, las Islas Canarias e Hispanoamérica no existe contraste entre el pretérito perfecto y el pretérito indefinido con marcadores temporales. Se utiliza con más frecuencia el pretérito indefinido, p.e., **Hoy trabajé mucho**.

SI QUIERES CONOCER MÁS SOBRE ESTE ASPECTO, CONSULTA EL APARTADO 1.2 DEL NIVEL 2.

3.2. Autoevaluación

A Elige el tiempo correcto:

> **a** Hoy ha sido/fue el día más feliz de mi vida
>
> **b** En 1986 España ha entrado/entró en el Mercado Común
>
> **c** Ayer los alumnos no han tenido/tuvieron clase
>
> **d** Este año los políticos han subido/subieron los impuestos
>
> **e** La semana pasada Julián y yo hemos ido/fuimos a Suiza

B Completa la postal que Leticia le escribe a su madre para contarle cómo ha pasado su primera semana en Madrid:

> *Querida mamá:*
> *Espero que todo vaya bien. Yo estoy fenomenal.*
> *Esta semana (ser) _____1_____ especial*
> *para mí. El lunes (yo, encontrar) _____2_____ un*
> *pequeño trabajo en una librería. No es nada mara-*
> *villoso, pero me hace mucha ilusión. El miércoles*
> *(venir) _____3_____ mi amiga Gema a visi-*
> *tarme. Se (ella, ir) _____4_____ el viernes. Hoy*
> *domingo no (yo, hacer) _____5_____ nada. Me*
> *(yo, dedicar) _____6_____ a descansar.*
> *Escríbeme pronto. Un beso.*
> *Leticia*

4 Trabajaba, éramos, salían
(El pretérito imperfecto)

4.1. ¿Cómo se hace?

A Lee el siguiente anuncio:

Mientras tú te dabas a conocer
en el Colegio de Abogados,
yo transmitía desde Beirut.

Tú ganabas casos. Yo perseguía la noticia.

Tú te unías a un prestigioso bufete,
yo conseguí ser corresponsal en Moscú.

Ahora, por nuestro cumpleaños,
me regalas una Waterman...
aunque a veces lo olvido, creo que
realmente somos muy parecidos.

Todas las plumas escriben, pero una Waterman, además, expresan un estilo. Una diferencia que ha permanecido constante durante más de cien años. Su precisión, esmerada técnica y su perfecto equilibrio se unen a un acabado de lacas y metales preciosos. Aquellos que desean escribir y expresar su propia personalidad encontrarán en la amplia gama de modelos, precios y acabados que ofrece Waterman su plena satisfacción.

WATERMAN ⓦ

> Vamos a fijarnos en uno de los tiempos del pasado usados en este anuncio. Indica qué formas del texto corresponden a los siguientes verbos?
>
> a) Unir _____
> b) Gana _____
> c) Perseguir _____
> d) Dar _____
> e) Transmitir _____

Completa con el mismo tiempo:

a Tú ganabas
  • Yo (ganar)_____

b Yo perseguía
  • Tú (perseguir) _____

C Lee el texto:

La posición de un hombre en la Edad Media **estaba** íntimamente relacionada con la cantidad de cenas que **daba** y con la calidad de su cocinero. Los grandes seño-res feudales **servían** a los que los **visitaban** según la clase social.

(Revista Pronto)

Relaciona:

Dar •		• Servían
Servir •	— Ellos —	• Visitaban
Visitar •	— Él —	• Daba

D Lee este diálogo en el que Irene pregunta a su amiga Diana sobre su estancia en la India:

IRENE: ¿Cómo era vuestra vida allí?
DIANA: Jorge y yo <u>trabajábamos</u> en la multinacional todo el día mientras los niños estudiaban en un colegio para extranjeros.
IRENE: ¿<u>Teníais</u> muchos amigos?
DIANA: Al principio no, pero poco después empezamos a conocer a mucha gente en fiestas y reuniones.
IRENE: Seguro que fue durísimo dejarlo todo para irse a vivir al otro lado del mundo.
DIANA: Yo al principio no quería ir pero después pensé que podía ser una bonita aventura

Relaciona:

Yo •	
Tú •	
El, ella, usted •	
Nosotros •	• Trabajábamos
Vosotros •	• Teníais
Ellos, ellas, ustedes •	

Completa:

	HACER	CANTAR	TRABAJAR	QUERER
YO		*cantaba*		
TÚ			*trabajabas*	
ÉL, ELLA, USTED				
NOSOTROS/AS				
VOSOTROS/AS				*queríais*
ELLOS/AS, USTEDES	*hacían*			

F Distribuye los verbos en cada una de las columnas:

- COMER
- CRECER
- VIVIR
- VENIR
- LEVANTAR
- ANDAR
- TRAER
- ESTAR
- LEER
- DECIR

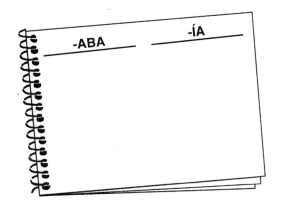

-ABA _____   -ÍA _____

G Lee el texto:

La semana pasada tuve un accidente. <u>Llovía</u> mucho y no se <u>veía</u> nada. <u>Iba</u> por una carretera muy estrecha y <u>era</u> muy difícil controlar el coche, que <u>patinaba</u> continuamente. Choqué contra un árbol pero afortunadamente no me pasó nada.

¿Qué formas de las subrayadas corresponden a estos verbos?

a Ser   _____

b Ir   _____

c Ver   _____

H ¿Observas alguna diferencia entre estas tres formas y las que has estudiado al principio de este apartado?

I Completa:

	SER	IR	VER
YO			
TÚ			
ÉL, ELLA, USTED			
NOSOTROS/AS			
VOSOTROS/AS			
ELLOS/AS, USTEDES			

J Verdadero o falso:

a) La mayoría de las formas del pretérito imperfecto son irregulares

❏ Verdadero   ❏ Falso

b) Existen tres formas irregulares en pretérito imperfecto: ser, ir y ver

❏ Verdadero   ❏ Falso

c) Los verbos en -AR forman el pretérito imperfecto con la terminación - ABA

❏ Verdadero   ❏ Falso

4.2. ¿Cuándo se usa?

4. 2. 1. En mi país siempre me levantaba temprano (Hábitos)

A ¿Eras un niño bueno?

a) ¿Obedecías siempre a tus padres?   ❏ Sí   ❏ No

b) ¿Faltabas a clase habitualmente?   ❏ Sí   ❏ No

c) ¿Te llevabas normalmente bien
   con tus hermanos?   ❏ Sí   ❏ No

d) ¿Hacías todos los días los deberes
   del colegio?   ❏ Sí   ❏ No

e) ¿Ayudabas a menudo a tus amigos?   ❏ Sí   ❏ No

B   Subraya los verbos del ejercicio A que aparecen en el tiempo que estás estudiando

C   Los verbos subrayados se refieren a

a   Acciones que se producen una sola vez en el pasado

b   Acciones que se producen habitualmente

D   Relaciona:

a) Cuando vivía en Valencia ●	● 1. Me acostaba todos los días a las nueve
b) Cuando tenía dieciocho años ●	● 2. Iba a la playa todos los domingos
c) Cuando iba a casa de mis abuelos ●	● 3. Trabajaba como camarero los fines de semana
d) Cuando era pequeño ●	● 4. Jugaba siempre con sus gatos

E   Daniel ha cambiado de trabajo. Completa las frases con el tiempo que estás estudiando y los verbos subrayados:

a) ANTES _____ más, AHORA trabaja menos
b) ANTES _____ muy tarde, AHORA sale muy temprano
c) ANTES _____ muy poco, AHORA gana mucho
d) ANTES _____ en el trabajo, AHORA come en casa
e) ANTES _____ con sus padres, AHORA también vive con ellos
f) ANTES _____ al fútbol los domingos, AHORA también juega los domingos

F   Elige la opción correcta:

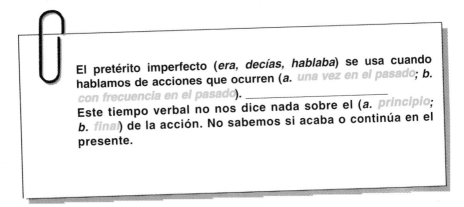

El pretérito imperfecto (*era, decías, hablaba*) se usa cuando hablamos de acciones que ocurren (*a. una vez en el pasado; b. con frecuencia en el pasado*). _____
Este tiempo verbal no nos dice nada sobre el (*a. principio; b. final*) de la acción. No sabemos si acaba o continúa en el presente.

4. 2. 2. El ladrón era alto y tenía el pelo rubio (Descripciones)

A   Lee el texto:

> Juana la Loca, la hija de los Reyes Católicos, no era hermosa, pero tenía un rostro ovalado muy fino, ojos bonitos y un poco rasgados; el cabello era fino y castaño, lo que la hacía muy atractiva.
>
> (C. Fisas, *Historias de las reinas de España*)
> *Adaptado*

Completa con los verbos SER y TENER en el tiempo que estás estudiando:

a) El rostro de Juana la Loca _____ ovalado

b) _____ el pelo fino y castaño

c) _____ muy atractiva

d) _____ los ojos bonitos

B   Realiza una descripción de Mahatma Gandhi con los siguientes datos:

a) LLevar gafas   c) Estar muy delgado

b) Ser zurdo (*)   d) Tener bigote

(*) Zurdo: Persona que utiliza preferentemente la mano izquierda.

C   Completa con el tiempo que estás estudiando:

TAL COMO SE VIVÍA HACE CINCUENTA AÑOS
EN UN RINCON DE EXTREMADURA

El invierno (ser) _____1_____ la peor temporada para estar en el pueblo o en el campo. Entonces (llover) _____2_____ más que ahora. Las calles se (llenar) _____3_____ de barro y el ganado se (mojar) _____4_____. Los ganaderos (buscar) _____5_____ los lugares más abrigados donde llevar a las ovejas. (Ser) _____6_____ triste.

(M. Murillo, *Tal como se vivía entonces en un rincón de Extremadura*)
Adaptado

D   Completa con el tiempo que estás estudiando:

Las cenas romanas (ser) _____1_____ auténticos banquetes en los que los ingredientes favoritos (ser) _____2_____ los más caros o los que (venir) _____3_____ de más lejos, por lo que el anfitrión(*) (tener) _____4_____ que recurrir a todos sus conocidos y (gastar) _____5_____ enormes cantidades de oro y plata en la preparación de tales festivales.

(Revista Pronto)

(*) Anfitrión: Persona que tiene invitados en su casa.

E Completa con las palabras que aparecen abajo:

El pretérito imperfecto (*era, decías, hablaba*) se usa para _____una situación del _____.
Sirve también para expresar acciones _____.

HABITUALES - PASADO - DESCRIBIR

4.3. Autoevaluación

A Entonces/ahora:

La vida de Laura y Pedro ha cambiado mucho en los últimos años. Ahora no tienen dinero. Completa con el tiempo correcto:

a Ahora nunca van al cine

Hace algunos años _____ todas las semanas

b Ahora nunca salen de copas con sus amigos

Hace algunos años _____ todos los sábados por la noche

c Ahora ya no viajan

Hace algunos años _____ una vez al año

d Ahora ya no juegan en el casino

Hace algunos años _____ todos los días

e Ahora todavía trabajan juntos

Hace algunos años _____ trabajar juntos

f Ahora todavía tienen un coche

Hace algunos años _____ tener un coche

B Las corridas de toros en la época de Juan Belmonte
Completa con el tiempo correcto:

Entonces las corridas de toros (tener) _____1_____ una importancia que hoy no tienen. Una buena faena(*) no se (acabar) _____2_____ en el momento en que las mulillas se llevaban al toro, sino cuando los aficionados(**) (salir) _____3_____ de la plaza. Era la época en que después de una buena faena se (ver) _____4_____ a la gente toreando por las calles.

(M. Chaves, *Juan Belmonte, matador de toros*) Adaptado

(*) Faena: Actuación durante la corrida
(**) Aficionados: Espectadores que asisten a una corrida

SI QUIERES PRACTICAR MÁS SOBRE ESTE ASPECTO,
CONSULTA LOS APARTADOS 2.1.1 Y 2.1.2 DEL NIVEL 2

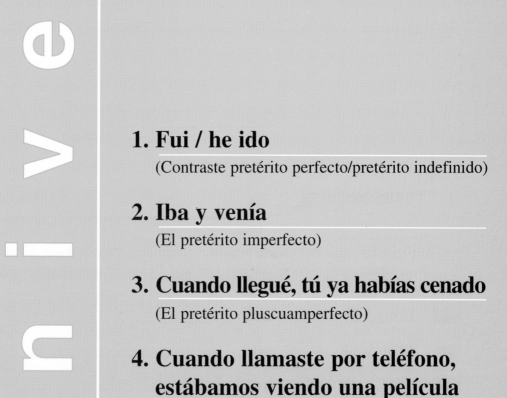

nivel 2

1.1. Produjo, compuso (Pretérito indefinido. Otros verbos irregulares)

1. 1. 1. Sostuve, sostuvo (Verbos derivados)

A Agrupa los verbos de la siguiente lista en las ocho columnas:

> Distraer - suponer - deshacer - contradecir - mantener - envolver
> componer - devolver - contraer - proponer - rehacer -atraer - intervenir
> predecir - perseguir - entretener - bendecir - conseguir

-PONER	-HACER	-TRAER	-DECIR
-VENIR	-VOLVER	-TENER	-SEGUIR

B Si recuerdas cómo se forma el pretérito indefinido de "tener, poner, hacer, traer, decir, seguir", sabrás completar este ejercicio. Si no lo recuerdas, revisa el apartado 2.1.2 del nivel 1:

a DISTRAER ⇨ (ellos) _____

b DESHACER ⇨ (tú) _____

c CONTRAER ⇨ (yo) _____

d PROPONER ⇨ (usted) _____

e	PREDECIR	⇨	(ella) _____
f	COMPONER	⇨	(nosotros)_____
g	REHACER	⇨	(vosotros)_____
h	ATRAER	⇨	(ustedes) _____
i	BENDECIR	⇨	(yo) _____
j	SUPONER	⇨	(él) _____
k	CONTRADECIR	⇨	(tú) _____
l	SOSTENER	⇨	(nosotros)_____
m	PERSEGUIR	⇨	(ellos) _____
n	CONSEGUIR	⇨	(usted) _____

1. 1. 2. Produje, produjo (Verbos en -ducir)

A Compara:

VENIR	PRODUCIR
Vine	Produje
Viniste	Produjiste
Vino	Produjo
Vinimos	Produjimos
Vinisteis	Produjisteis
Vinieron	Produjeron

¿Qué diferencia observas en las terminaciones?

B Completa con los elementos que tienes abajo:

Introdujeron	*ellos, ellas, ustedes*	*introducir*
Deduje	_____	_____
Condujiste	_____	_____
Produjo	_____	_____
Tradujimos	_____	_____
Dedujo	_____	_____
Indujo	_____	_____
Produjisteis	_____	_____
Dedujimos	_____	_____

ustedes   ellas   *producir*   nosotras   yo   *conducir*   ellos   nosotros

inducir   vosotros   tú   ella   *deducir*   usted   vosotras   *traducir*   él

Completa las siguientes frases:

> En el pretérito indefinido, los verbos que terminan en _____ cambian la -C- por una _____ y, en la forma "ellos-ellas-ustedes" se usa la terminación _____ (y no -IERON).

1.2. (Hoy) he ido al cine / (ayer) fui al teatro (contraste pretérito perfecto / pretérito indefinido con o sin marcadores temporales)

A Lee el anuncio:

GRECIA:

ELEGIDO EL LUGAR MÁS CREATIVO del Mundo

Por 5.000 años de historia!

Grecia ha sido siempre el destino favorito para los que buscan lo auténtico. Porque, desde siempre, en Grecia el sol, los mares, la cultura, la cálida acogida de sus gentes y el folklore se han mantenido intactos. En estas vacaciones podrás conocer el país que fue cuna de la cultura. Visita los lugares donde vio la luz la Democracia. Admira el templo de los Dioses. Investiga las calles empedradas por donde pasaron Sócrates, Aristóteles, Sófocles... Llévate a casa su artesanía. Y descubrirás cuánto de auténtico hay en ti. Llama a tu agencia de viajes y aprende más de la Civilización griega.

Hellas

GRECIA: La Auténtica Elección

a ¿Qué verbos aparecen en un tiempo del pasado?

b ¿Cuáles de esas formas se relacionan con el presente

En los siguientes ANUNCIOS aparece siempre el mismo tiempo del pasado. Subraya los verbos y las expresiones temporales que los acompañan:

Nunca hemos dicho que sea la mejor reflex del mercado.

Lo dicen ustedes.

NIKON F-50, la cámara reflex más vendida del mercado

Por algo será. Por su relación precio/calidad. Por sus prestaciones. Por sus múltiples programas. Por su tecnología. Por su óptica. Porque es la cámara ideal para empezar a hacer fotografías. Porque es la cámara ideal para acabar haciéndolo como un profesional. Porque es NIKON. Y ahora, además, por sus tres años de garantía. Por estas y otras razones, la NIKON F-50 es la cámara Reflex más vendida del mercado.

Nikon®
We take the world's
greatest pictures.®

Con Hero Baby siempre he salido ganando

Siempre he preferido el sabor de las papillas y tarritos Hero Baby. Siempre he sabido apreciar su naturalidad y con ellos estoy creciendo sano y feliz.

Regalos para pequeños afortunados

Hero y Renault te ofrecen los regalos más seguros y divertidos para tu hijo

"En los últimos 150 años el hombre ha aprendido a volar, a utilizar la electricidad e incluso a viajar por el espacio, pero aún no ha descubierto uno de los secretos mejor guardados del mundo."

Un secreto que sólo conocen unos pocos. Guardado celosamente por la familia Bacardí y transmitido de generación en generación desde hace más de 150 años. El secreto de la extraordinaria pureza y suave sabor que ha convertido a Ron Bacardí en el más apreciado del mundo.

C A continuación tienes dos textos en los que se utiliza un tiempo del pasado diferente. Subraya los verbos y las expresiones temporales que los acompañan:

Abraham Lincoln (1809-1865)

16º presidente (republicano) de los EEUU, entre 1861 y 1865. El mismo año de su elección, los Estados de la Unión entraron en guerra con los secesionistas del Sur. En 1863, Lincoln declaró la Proclamación de Emancipación para liberar a los esclavos.

(El País Semanal)
Adaptado

Miguel de Cervantes

Miguel de Cervantes y Saavedra, gran figura de las letras españolas, nació en Alcalá de Henares en 1547. En 1605, con casi sesenta años, publicó con gran éxito la primera parte de la historia de *El ingenioso hidalgo Don Quijote de la Mancha*. Tras escribir doce *Novelas ejemplares*, numerosas piezas de teatro y una extensa obra poética, murió en Madrid el 23 de abril de 1616, el mismo día que Shakespeare.

(El País Semanal)
Adaptado

D En el siguiente anuncio, subraya antes las expresiones temporales y después elige uno de los verbos:

UNA VEZ MÁS, CALVO

Desde hace más de cincuenta años, CALVO **vino/ha venido** aportando una clara inquietud innovadora en el mundo del Atún. Ya en 1966 **procedimos/hemos procedido** al desarrollo del Atún en envase redondo. Más tarde, en 1976, **diseñamos/hemos diseñado** e **implantamos/hemos implantado** en el mercado el actual Pack de tres latas. Hoy le presentamos el COMPACTO, un nuevo formato con el que contribuimos de forma eficaz a preservar nuestro Medio Ambiente debido a la mayor facilidad para su reciclaje, ya que **eliminamos/hemos eliminado** las partes prescindibles de la antigua presentación (la proporción de hojalata y aceite) manteniendo idéntica cantidad de atún. Y todo ello, con un nuevo diseño que incorpora grandes ventajas para usted.

Descúbralas y verá cómo, con CALVO, todo está cada vez más claro.

E En los siguientes datos sobre la biografía de la actriz Meryl Streep aparecen los dos tiempos que estás estudiando:

a Subraya las frases que contienen uno de los tiempos y en las que NO aparece una expresión temporal:

> **MERYL STREEP**
> - Nació hace 43 años en Nueva Jersey
> - Estudió música en la escuela femenina Vassar
> - Debutó en el cine en 1977 con un pequeño papel en *Julia*
> - Ha sido nominada seis veces a los Oscars y ha conseguido dos estatuillas (*Kramer contra Kramer* y *La decisión de Sophie*)
>
> (*El País Semanal*)
> *Extracto*

b ¿Cuáles de las siguientes expresiones pueden relacionarse con las frases subrayadas? Vuelve a escribir las frases con las expresiones:

- Hasta ahora
- En su infancia
- Cuando era adolescente
- A lo largo de su carrera

F Subraya la opción correcta:

> El **pretérito perfecto/pretérito indefinido** es el tiempo del pasado que se relaciona con el presente, ya que describe un acontecimiento **presente/pasado** que llega hasta el presente. Cuando usamos el **pretérito perfecto/pretérito indefinido** nos referimos a un pasado totalmente acabado, sin ninguna relación con el **pasado/presente**

1.3. Autoevaluación

A LA REMENDONA DEL RITZ. Completa con el tiempo correcto:

Cuando el mes pasado esta periodista (atravesar) _____ la mítica puerta giratoria del Hotel Ritz, con el encargo de hacer la crónica de las novedades introducidas en este reducto de exquisitez situado en plena Plaza de Neptuno, (ella, quedar) _____ asombrada al divisar, en mitad del restaurante, a una mujer tumbada en el suelo y trabajando sobre la alfombra con la ayuda de un pequeño flexo(*). Tirada por los suelos, así transcurren las siete horas y media de trabajo de Joaquina Bernaldo de Quirós, en cuyo pasaporte consta su profesión: restauradora de alfombras. (Ella, llegar) _____ al Ritz hace siete años y desde entonces se ocupa de arreglar el más mínimo desperfecto que se produce en las alfombras que cubren todo el suelo del hotel. (Ella, presentarse) _____ con sus agujas y sus hilos de colores, y la prueba que le (ellos, hacer) _____ para entrar consistió en restaurar un roto de dos metros en la alfombra de la entrada, una pieza única de la Real Fábrica de Tapices. Hoy Joaquina es todo un personaje en este hotel que (inaugurarse) _____ en 1910.

(*El País*)

(*) Flexo: Pequeña lámpara articulable.

B BOMBEROS POR AMOR AL ARTE. Completa con el tiempo correcto

Durante toda esta semana los vigilantes del Museo Thyssen (cambiar) _____1_____ el interfono por la manguera. Cada día, durante dos horas, (ellos, ser) _____2_____ entrenados por los bomberos del parque de Santa María de la Cabeza en el manejo de los instrumentos de lucha contra el fuego.

Los bomberos les (enseñar) _____3_____ a usar el extintor, y así los vigilantes (aprender _____4_____ cómo el polvo no se debe lanzar a la base del fuego, sino que hay que dirigir el chorro por encima de las llamas para eliminar el oxígeno y ahogarlas.

Desde que este museo está abierto al público, sólo (registrarse) _____5_____ un pequeño fuego eléctrico en uno de los aparatos que generan la humedad necesaria para conservar las pinturas. Aun así, la mitad de la plantilla (*) que esta vez (quedarse) _____6_____ en el museo acudirá la semana que viene para recibir la misma instrucción que (recibir) _____7_____ sus compañeros a lo largo de esta semana.

(El País)

(*)Plantilla: conjunto de trabajadores de una empresa.

C Completa el siguiente diálogo con el tiempo adecuado

— Sabes a quién (yo, ver) _____1_____ hoy?

+ Pues no, ¿a quién?

— A Luisa González. Una compañera del colegio. No (yo, saber) _____2_____ nada de ella en los últimos diez años.

+ Y ¿cómo está ahora?

— No (ella, cambiar) _____3_____ nada físicamente. Está igual que antes. (Ella, Marcharse) _____4_____ a Francia hace unos años. (Ella, ir) _____5_____ para hacer el doctorado, creo.

NOTA: En algunas zonas hispanohablantes (norte de España, Canarias e Hispanoamérica) la oposición **pretérito perfecto / pretérito indefinido** no funciona del mismo modo que en la mayor parte de España y se usa más el pretérito indefinido.

SI TIENES PROBLEMAS CON ESTE ASPECTO, CONSULTA EL APARTADO 3 DEL NIVEL 1.
SI QUIERES CONOCER MÁS SOBRE ESTE ASPECTO, CONSULTA EL APARTADO 1 DEL NIVEL 3.

nivel 2

2 Iba y venía
(El pretérito imperfecto)

2.1. ¿Cuándo se usa?

2. 1. 1. Cuando era pequeño iba todos los días a nadar (Hábitos)

A

A continuación tienes dos textos en los que dos personas relatan sus problemas con el alcohol:

VERÓNICA:
"Llegó un momento en que sentía necesidad de beber lo que fuera, hasta el vino de cocina. Y si en casa no había bebida, compraba cerveza y la escondía en mi habitación para que mi familia no se diera cuenta... Mis padres dejaron de hablarme y cuando volvía borracha me pegaban".

(Revista Vera)

JUAN ANTONIO:
Juan Antonio, de 38 años, recuerda que cuando era pequeño su padre le llevaba al bar y le daba un moscatel(*) o una quina(**).
"En la mili me arrestaban por estar borracho y en el calabozo me pegaba con mis compañeros para quitarles la botella de vino".

(Revista Vera)

(*) Moscatel: Vino dulce y aromático.
(**) Quina: Líquido preparado con la corteza de un árbol y usado como medicina.

¿Qué cosas de las siguientes eran habituales en las vidas de Verónica y Juan Antonio?

- "Compraba cerveza y la escondía en mi habitación"
- Su padre le llevaba al bar y le daba un moscatel o una quina
- "Mis padres dejaron de hablarme"
- "Me pegaban"
- "En la mili me arrestaban por estar borracho"
- "Llegó un momento en que ..."
- "En el calabozo me pegaba con mis compañeros"

Habituales
(ocurrían a menudo)

No habituales
(ocurrieron una sola vez)

Vuelve a escribir las frases anteriores con una de las expresiones que tienes a continuación:

Una vez

Todas las semanas

Normalmente

Con frecuencia

Un día

Siempre

B Lee el siguiente texto sobre los hábitos o costumbres relacionadas con la comida en los siglos XVI y XVII. Transforma los verbos en un tiempo adecuado del pasado:

En las casas de los ricos y en las de los pobres, hombres, mujeres y niños se sientan _____1_____ juntos a la mesa. Sólo los criados comen _____2_____ aparte las sobras de los platos de sus señores. Los campesinos y los miembros de las familias humildes meten _____3_____ sus cucharas en un mismo cuenco, o colocan _____4_____ los trozos de comida sobre rebanadas de pan, pero entre las clases medias y altas las costumbres obligan _____5_____ a poner un plato por cada dos o tres comensales. Todavía no se utilizan _____6_____ tenedores pero empiezan _____7_____ a usarse pinchos para servirse las carnes. Lo normal es _____8_____ comer con los dedos o ayudarse con el cuchillo si los manjares están _____9_____ muy calientes.

(El País Semanal)
Adaptado

C C) El actor irlandés Liam Neeson habla en el siguiente texto sobre la afición de su padre a los canarios:

"Sí, siempre fue muy aficionado a los canarios. Los tenía en una enorme jaula. Solíamos hacer bromas durante nuestra infancia porque todas las tardes, al volver del trabajo, iba a visitarles. Se sentaba allí, se fumaba un cigarrillo y charlaba con ellos, les silbaba".

(El País Semanal)
Extracto

Enumera las acciones habituales que aparecen en el texto:

SI TIENES PROBLEMAS CON ESTE PUNTO, CONSULTA EL APARTADO 4.2.1. DEL NIVEL 1.

2. 1. 2. La casa era grande y tenía un jardín (Descripciones)

A A continuación aparecen dos textos de mujeres que sacrificaron su vida por amor: las mujeres de dos grandes poetas

Zenobia Camprubí, la mujer de Juan Ramón Jiménez "tenía un carácter indómito, tomaba las grandes decisiones y su alto sentido de la responsabilidad le hacía volcarse hacia su marido en un papel amoroso y de sacrificio voluntario".

(Revista Mía)
Extracto

Rafael Alberti dedicó estas palabras a su compañera:
"María Teresa León era una muchacha maravillosa, quizá, sin presunción por mi parte, la chica más guapa de Madrid. No se podía andar con ella porque la calle se paraba y había tipos que decían piropos, unos finos, otros groseros. Y yo tenía que ir siempre de guardia".

(Revista Mía)
Extracto

a Subraya los verbos que aparecen. ¿Cuántos tiempos verbales aparecen?

b Completa con el verbo y el tiempo adecuados:

> 1. Zenobia Camprubí—————un gran sentido de la responsabilidad y su carácter————muy fuerte.
>
> 2. María Teresa León —————, según Alberti, la chica más guapa de Madrid.

B Completa con el tiempo adecuado la siguiente descripción de la Puerta del Sol a mediados del siglo XIX:

La Puerta del Sol (ser) _____1_____ un hervidero. Los desocupados (tumbarse) _____2_____ en los rincones a echar la siesta, los vendedores (gritar) _____3_____ sus mercaderías, los viejos (arrugarse) _____4_____ al sol y (vigilar) _____5_____ los movimientos de los paletos que (visitar) _____6_____ la corte. Los coches (esperar) _____7_____ tomar viajeros mientras los cocheros (intercambiar) _____8_____ experiencias y (hacer) _____9_____ juegos de manos. En torno a la fuente de la Mariblanca (arremolinarse) _____10_____ los mirones y algún que otro sinvergüenza que (orinar) _____11_____ sobre el adoquinado(*).

(Madrid en blanco y negro)

(*) Adoquinado: Suelo construido con piedras rectangulares.

C Los primeros habitantes de América. En este texto hemos quitado los verbos que aparecen a continuación, intenta colocarlos en el lugar adecuado y en el tiempo correcto:

- Ser   • Tener   • Vivir(*)   • Haber   • Labrar   • Hablar

A finales del siglo XV, cuando los europeos llegaron al Nuevo Mundo, aquí aproximadamente veinte millones de personas, si se cuenta solamente la zona al Norte del Río Grande... Con el tiempo se desplazaron hacia el Sur, para establecerse finalmente en diferentes regiones a todo lo largo de América del Norte y del Sur.
Era una población diversa. Unos en ciudades o pueblos y la tierra y otros en palacios de doscientas habitaciones excavadas en las rocas. Dos siglos antes de Colón, Cahokia, un área ceremonial en la costa del río Mississipi, cerca de lo que es hoy San Luis, una población de treinta mil habitantes, la misma que la de Londres en aquel entonces.
En 1492, más de mil tribus de habitantes nativos, que doscientas lenguas diferentes. Su promedio de vida (35 años) el mismo que el de los europeos, y su vida era tan variada como en cualquier lugar de la tierra.

(American Highlights)

(*) Lo necesitarás más de una vez

D Completa con las palabras que te damos abajo:

Usamos el pretérito imperfecto para hablar de acciones que ocurren con _____ en el _____. También lo utilizamos para _____ personas, _____ o situaciones.

DESCRIBIR - FRECUENCIA - COSAS - PASADO

SI TIENES PROBLEMAS CON ESTE PUNTO,
CONSULTA EL APARTADO 4.2.2 DEL NIVEL 1

nivel 2

2. 1. 3. Quería un litro de leche (Cortesía)

A Rue del Percebe:
¿Se refiere la forma **traía** al pasado? ¿Se puede sustituir por otro tiempo?

B Compara el ejemplo anterior con los siguientes. ¿Qué forma te parece más amable o cortés: a) **traía**, b) **vengo**, c) **quiero**?

C Lee el siguiente fragmento de la obra *Tres sombreros de copa* de Miguel Mihura:

> **DON SACRAMENTO.** ¡A las personas honorables les tienen que gustar los huevos fritos, señor mío! Toda mi familia ha tomado siempre huevos fritos para desayunar ... Sólo los bohemios toman café con leche y pan con manteca.
>
> **DIONISIO.** Pero es que a mí me gustan más pasados por agua... ¿No me los podían ustedes hacer a mí pasados por agua?

¿Qué otras formas pueden aparecer en lugar de **podían**?

D Completa el siguiente diálogo que transcurre en un banco con los verbos PODER, VENIR y QUERER. Hay más de una forma posible:

> **CLIENTE:** Buenos días, _____1_____ a sacar dinero de mi cuenta corriente para abrir una cuenta de ahorro vivienda.
> **EMPLEADO:** ¿Cuánto dinero _____2_____ sacar?
> **CLIENTE:** Trescientas mil pesetas. ¿_____3_____ usted también darme el saldo de mi cuenta?
> **EMPLEADO:** Por supuesto, ahora mismo se lo doy.

E Elige la opción correcta:

> En deseos y peticiones se usa frecuentemente el (**a.** pretérito indefinido; **b.** pretérito perfecto; **c.** pretérito imperfecto) para indicar cortesía.

2.2. Tenía dinero y se compró un coche (Contraste pretérito perfecto / indefinido / imperfecto)

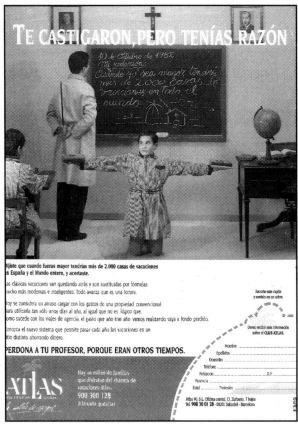

En esta frase se informa sobre un hecho que ocurrió en el pasado, ¿Cuál?

¿Qué explicación o justificación da el niño del pelo rizado a su respuesta?

Nunca pensé en llevar el pelo corto, incluso cuando él me lo pedía. Pero, todo cambió desde el día de mi cumpleaños, en que él apareció con un par de ideas brillantes

LOS DIAMANTES DE CRISTINA OLMEDO

Extraídos en Sudáfrica en forma de fragmentos de carbono puro cristalizado. Tallados en Nueva York y montados en unos pendientes por un diseñador de Barcelona. Adquiridos en Palencia y regalados con amor a Cristina, que de repente descubrió que necesitaba un corte de pelo. Si desea un catálogo de la Colección Dimensión Diamante de J.S., o donde adquirir sus solitarios de diamantes desde 150.000 Ptas., Llame al TEL. 902 20 00 22.

Un diamante es para siempre
De Beers

¿Cuál es la acción que ocurre habitualmente?

D Lee el texto:

> Hace unos días un grupo de chicas entre los diez y los quince años vivió la experiencia más increíble de su vida. Como no tenían dinero y no querían pedírselo a sus padres, decidieron atracar un banco. Iban disfrazadas y llevaban pistolas de juguete con las que amenazaron a clientes y empleados. Consiguieron una buena cantidad de dinero que acabaron devolviendo porque se sentían culpables.

Los hechos son:

> Hace unos días un grupo de chicas entre los diez y los quince años vivió la experiencia más increíble de su vida. Decidieron atracar un banco. Amenazaron a clientes y empleados. Consiguieron una buena cantidad de dinero que acabaron devolviendo.

Además de los hechos, aparecen en el texto una serie de circunstancias que rodean esos hechos y ayudan a entenderlos ¿Cuál es esa información complementaria?

E Completa la segunda parte de cada una de las historias del anuncio:

- ¿670 km por una puesta de sol en tarifa? Dicho y hecho (nosotros, irse) _____ los cinco en el cinquecento.

- Teníamos habitación en el mejor hotel de San Sebastián... y sin embargo (nosotros, amanecer) _____ dentro de mi cinquecento con unas vistas asombrosas del mar.

- Agosto 15:30, 45 grados. El agua ya no era suficiente para calmar el calor. (Nosotros, meterse) _____ en el cinquecento y (nosotros, pasar) _____ una tarde muy fresquita.

F ¡Ayer fui de compras! Completa con el tiempo adecuado:

Ayer fui de compras porque

- (Yo, necesitar) _____1_____ una blusa
- (Yo, estar) _____2_____ aburrida
- No (yo, tener) _____3_____ nada qué hacer
- (Yo, querer) _____4_____ salir de casa

G Lee el testimonio de una mujer que fue víctima de un timo(*):

Distribuye los siguientes datos en las dos columnas de la página siguiente:

- Tenía trabajo acumulado
- Se le estropeó la máquina
- Me asomé a la ventana
- Había un hombre gritando ...
- Le grité que subiera a casa
- Se puso a darle martillazos
- Me pidió dos mil pesetas
- No tenía tanto dinero
- Le di las mil pesetas

(*) Timo: Engaño producido por falsas promesas

Fui víctima de un timo

Remedios Rocha cosía por necesidad, un domingo en el que tenía trabajo acumulado se le estropeó la máquina: "Justo me asomé a la ventana y había un hombre gritando 'arreglo máquinas de coser'.

"Le grité que subiera a casa. Ya en la salita se puso a darle martillazos a la máquina hasta que casi la destroza. Después me pidió dos mil pesetas, de las de hace 18 años, para comprar un pistón. No tenía tanto dinero, así que me convenció para que pusiéramos mil pesetas cada uno. Le di las mil pesetas y salió casi corriendo".

"A los dos días llevé la máquina rota a la tienda. Nada más entrar el encargado me dijo "También has caído en el timo". Y me señaló un montón de máquinas destrozadas como la mía".

"Le dio martillazos a mi máquina, la destrozó y luego me quiso cobrar"

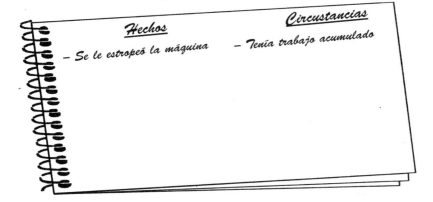

Hechos

— Se le estropeó la máquina

Circustancias

— Tenía trabajo acumulado

H Observa atentamente la historieta y ordena las frases. Fíjate en los signos de puntuación y las mayúsculas:

- Intentó abrirla por todos los medios
- Hacía un calor sofocante
- Sin embargo, lo único que obtuvo fue un sacacorchos.
- Como no conseguía abrirla,
- Afortunadamente sus ruegos fueron escuchados
- Había una vez un hombre perdido en el desierto.
- y estaba muerto de sed.
- pero era imposible.
- Entonces suplicó a Dios que le enviara algo para beber
- empezó a lanzar maldiciones al cielo exigiendo un abridor.
- y del cielo cayó una botella.

I Elige el tiempo adecuado:

EL LIMPIAPARABRISAS AUTOMÁTICO

El moderno limpiaparabrisas **fue/era** inventado en 1916. Hasta entonces, los automovilistas **tuvieron/tenían** que sufrir la continua falta de visibilidad debida a la lluvia, polvo o nieve. Muchos inventores **intentaron/intentaban** dar con un mecanismo que mantuviese impecables los cristales. La idea que más éxito **alcanzó/alcanzaba fue/era** una gran pala de caucho que se **accionó/ se accionaba** manualmente desde el interior del automóvil. En 1916 y de la mano de la empresa americana Willys Knight **surgió/surgía** el parabrisas moderno, con funcionamiento mecánico, y nada más aparecer, **triunfó/triunfaba** por completo. Con el paso de los años **mejoró/mejoraba** su tecnología hasta llegar a los modelos actuales.

J Completa las preguntas del test con el tiempo adecuado del pasado de los siguientes verbos:

> TERMINAR - PINTAR - SER(*) - LLAMARSE

¿QUÉ SABES SOBRE LA GUERRA CIVIL ESPAÑOLA?

a) ¿Quién _____ el presidente de la República cuando empezó la guerra?
1. ❑ Manuel Azaña
2. ❑ Santiago Casares
3. ❑ Ortega y Gasset

b) El año en que estalló _____ 1936, pero ¿recuerdas qué día y de qué mes?
1. ❑ 18 de julio
2. ❑ 8 de junio
3. ❑ 12 de diciembre

c) Pablo Picasso _____ un famoso cuadro que hace alusión a la guerra. ¿Cómo se llama?
1. ❑ Guernica
2. ❑ Arlequín
3. ❑ La Paloma

d) ¿Cómo _____ el general que se estrelló en una avioneta el 20 de julio de 1936?
1. ❑ Sanjurjo
2. ❑ Varela
3. ❑ Moscardó

e) ¿Quién _____ nombrado presidente del Gobierno el 17 de mayo de 1937?
1. ❑ Negrín
2. ❑ Largo Caballero
3. ❑ Santiago Carrillo

f) ¿En qué fecha exacta _____?
1. ❑ 1 de abril de 1939
2. ❑ 25 de marzo de 1939
3. ❑ 18 de julio de 1939

(Revista Mía)

(*) Lo necesitarás varias veces

K Completa con el tiempo adecuado:

Cuando la costumbre de tomar café (llegar) _____1_____ a Francia, alrededor del siglo XVII, los médicos franceses (apresurarse) _____2_____ a
prevenir a sus pacientes de que el beber café (ser) _____3_____ el camino hacia la ruina. Y cuando a finales del siglo XVII (abrirse) _____4_____
un café en Marsella, los doctores de la ciudad (convocar) _____5_____
una reunión pública para explicar a los ciudadanos hasta qué punto (ser)
_____6_____ peligroso beber café, ya que (atormentar) _____7_____
al bebedor con un desvelo, un cansancio y una impotencia eternas.

(*Revista Pronto*)

L Completa el siguiente texto con el tiempo adecuado de los verbos entre paréntesis:

– Pero bueno, ¿cómo llegas tan tarde?
+ Es que no (yo, tener) _____1_____ dinero para el metro y (yo, venir)
_____2_____ andando.
– Pues acabamos de salir de la reunión y creo que el jefe no está muy conten-
to contigo.
+ ¿Te (él, comentar) _____3_____ algo?
– Sí, que tu futuro en la empresa no está muy claro.
+ La verdad es que no le faltan motivos. La semana pasada también (yo, lle-
gar) _____4_____ tarde a otra reunión.

M Completa el siguiente test con los verbos que aparecen:

SER - NACER - PADECER - REPRESENTAR

¿TE INTERESA LA ÓPERA?

a) Verdi _____ un compositor del siglo ...

　　　　　1. ❏ XVIII
　　　　　2. ❏ XIX
　　　　　3. ❏ XVII

b) ¿Qué enfermedad _____ el tenor José Carreras?

　　　　　1. ❏ Hepatitis
　　　　　2. ❏ Leucemia
　　　　　3. ❏ Endocarditis

c) ¿Qué personaje _____ un gran éxito para Teresa Berganza, una de las
grandes figuras vivas del género?

　　　　　1. ❏ Mimí
　　　　　2. ❏ Carmen
　　　　　3. ❏ Norma

d) ¿De qué país _____ María Callas?

      1. ❏ Estados Unidos

      2. ❏ Grecia

      3. ❏ Italia

e) ¿Dónde _____ este género?

      1. ❏ En España

      2. ❏ En Italia

      3. ❏ En Francia

N Verdadero o falso:

a) Para hablar de aciones o sucesos que se consideran acabados utilizamos el PRETÉRITO PERFECTO o el PRETÉRITO INDEFINIDO.

    ❏ Verdadero   ❏ Falso

b) Cuando utilizamos el PRETÉRITO IMPERFECTO nos limitamos a informar sobre hechos ocurridos en el pasado.

    ❏ Verdadero   ❏ Falso

c) Cuando nos interesa crear o describir una situación   usamos el PRETÉRITO IMPERFECTO.

    ❏ Verdadero   ❏ Falso

2.3. Autoevaluación

A Elige el tiempo adecuado en esta biografía sobre JUANA LA LOCA, una de las hijas de los Reyes Católicos:

Doña Juana **nació/nacía** el 6 de noviembre de 1479 en el viejo alcázar de Toledo. Se le **impuso/imponía** el nombre de Juana en recuerdo de Juana Enríquez, madre del rey católico don Fernando, a la que **llegó/llegaba** a parecerse tanto que, en broma, la reina Isabel la **llamó/llamaba** "suegra" y don Fernando "madre".

No **fue/era** hermosa; pero según los retratos de Juan de Flandes, **tuvo/tenía** un rostro ovalado muy fino, ojos bonitos y un poco rasgados; el cabello fino y castaño, lo que la **hizo/hacía** muy atractiva.

Desde pequeña **dio/daba** muestras de tener un carácter muy extremado. Educada piadosamente, a veces **durmió/dormía** en el suelo o se **flageló/flagelaba** siguiendo las historias de los santos que le contaban. Como es lógico, sus padres y sus educadores procuraban frenar estas tendencias. Por otra parte, aprendió no sólo a leer y a escribir, sino que tuvo una educación esmerada, y a los quince años **leyó/leía** y **habló/hablaba** correctamente el francés y el latín.

(C. Fisas, Historias de las reinas de España)

B Pedro y Luis acaban de hacer un examen. Completa el diálogo que mantienen con el tiempo adecuado de los verbos entre paréntesis:

> – ¿Qué tal te (salir) _____1_____ el examen?
> + Fatal, (yo, dejar) _____2_____ sin contestar las tres primeras preguntas porque no (yo, acordarse) _____3_____ de nada. Y tú, ¿qué tal?
> – Bien, (yo, contestar) _____4_____ todas las preguntas pero eso no significa que vaya a aprobar

C En el siguiente texto aparecen subrayados los dos tiempos que estás estudiando. Busca en qué casos pueden intercambiarse:

LA MAGIA DEL TAJ MAHAL

Hubo una vez un emperador que amaba profundamente a su esposa y tuvieron muchos hijos. Cuando iba a nacer el que hacía el número catorce, la parturienta murió dejando a su esposo sumido en una tristeza infinita. Pensó el emperador entonces hacerle un regalo póstumo a su mujer muerta, un regalo magnífico jamás construido y que reflejara el profundo e intenso amor que sentía. Pretendió envolver su sueño eterno en una fabulosa morada que sería admirada por todo aquel que la viera u oyera hablar de ella. Mandó traer para esta empresa, desde los más recónditos lugares de Asia y Europa, a los más prestigiosos arquitectos, pero ninguno supo captar la idea que el soberano había fijado en su mente.

Finalmente uno de ellos logró aproximarse y, para que la compenetración fuera total, cuenta la leyenda que el emperador ordenó matar a la mujer del arquitecto, con el fin de que éste sintiera en su propia carne el infinito dolor por la muerte de su esposa. Pasados veinte años consiguió su sueño y logró alzar a orillas de un río sagrado la gran perla de Oriente. El emperador era Shah Jahan; su mujer, la favorita de todo el harén, Mumtaz Mahal; el río sagrado, el Yamuna; la ciudad, Agra, y el monumento no podía ser otro que el Taj Mahal, una de las maravillas del mundo.

(Ecología y Sociedad)

3 Cuando llegué, tú ya habías cenado (El pretérito pluscuamperfecto)

3.1. ¿Cómo se hace?

A Lee el siguiente texto en el que Nelson Mandela reflexiona sobre su vida:

a En este texto aparece un nuevo tiempo del pasado que está formado por dos palabras. Subráyalo.

b Relaciónalo con una de estas personas:

yo - tú - él - ella - usted - nosotros - nosotras - vosotros - vosotras - ellos - ellas - ustedes

"Le contaré una cosa. Cuando fui elegido presidente de la República de Suráfrica pedí vivir en mi residencia habitual de Houghton, situada muy cerca de Johanesburgo, pero muchos colegas míos, incluido Frederick de Klerk, me recomendaron que por seguridad me trasladara a la residencia presidencial de Pretoria. Los primeros días fueron muy duros para mí, ya que en esa residencia habían vivido, comido y reído todos aquellos líderes blancos que cada día dirigían un régimen diabólico, conocido como *apartheid*, contra la población de color".

(Woman)

B Lee el siguiente diálogo:

ALMUDENA: ¡Hola, Teresa!. ¿Qué tal ayer? ¿Saliste?
TERESA: No, me quedé en casa toda la tarde. Os llamé a las ocho, pero habíais salido.
ALMUDENA: Sí, fuimos a una discoteca de bailes de salón. No habíamos estado nunca antes en un sitio así.
TERESA: Pero si me habías dicho que no te gustaba bailar ...
ALMUDENA: A mí no, pero a Luis le encanta. Tenía muchas ganas de ir y ya había quedado allí con unos amigos, así que no pude negarme. Además le había prometido que iríamos algún día.

Relaciona:

Habíais salido •	• Nosotros
Habíamos estado •	• Él
Habías dicho •	• Vosotros
Había quedado •	• Tú
Había prometido •	• Yo

C Completa:

> El pretérito pluscuamperfecto (*había ido*) se forma con el (*a. pretérito perfecto; b. pretérito imperfecto; c. pretérito indefinido*) del verbo HABER y el (*a. infinitivo; b. participio; c. gerundio*) del verbo.

D Completa el siguiente cuadro:

	HACER			DECIR
YO		*había visto*		
TÚ			*habías hablado*	
ÉL, ELLA, USTED			*había hablado*	
NOSOTROS/AS		*habíamos visto*		
VOSOTROS/AS				*habíais dicho*
ELLOS/AS, USTEDES	*habían hecho*			

3.2. ¿Cuándo se usa?

A Lee el siguiente texto en el que el actor Liam Neeson habla sobre la muerte de su padre

"Cuando él murió yo estaba viviendo en Los Angeles... en un apartamento lleno de luz y extrañas ventanas que lo rodeaban por completo. Acababa de volver de Chicago de rodar una película, estaba exhausto y me despertó la luz que entraba por las ventanas sin cortinas. Y de pronto vi un pajarillo en el alféizar(*)... le vi cómo entraba, me levanté para ayudarle a salir y de pronto vi como el pajarillo daba tres vueltas perfectas por la habitación y volvió a salir por el mismo sitio por el que <u>había entrado</u>. Me pareció extraño, pero no volví a pensar en ello hasta que me enteré de que mi padre <u>había muerto</u> justo en ese momento e hice la conexión."

(*)Alféizar: Entrante o apoyo que forma la pared en la parte inferior de una ventana.

Numera las acciones que aparecen a continuación según el orden en que se producen:

1 ➡ Acción que ocurre en primer lugar
2 ➡ Acción que ocurre en segundo lugar

a) VOLVÍA A SALIR ... HABÍA ENTRADO

b) ME ENTERÉ ... HABÍA MUERTO

B Siguiendo los ejemplos, une los datos de las dos listas y coloca las frases obtenidas en la columna correspondiente:

Cuando Gaudí(*) murió •
En 1950 •
Cuando murió Isabel la Católica •
En 1990 •
Cuando empezó la Segunda •
Guerra Mundial
Cuando terminó la Guerra •
Civil en España

• Llegada del hombre a la luna
• Caída del muro de Berlín
• Llegada al poder de Hitler en
  Alemania
• Terminación de la Sagrada
  Familia(**)
• Descubrimiento de América por
  Colón
• Muerte del poeta Federico García
  Lorca

(*) Arquitecto español
(**) Edificio de Barcelona proyectado por Gaudí

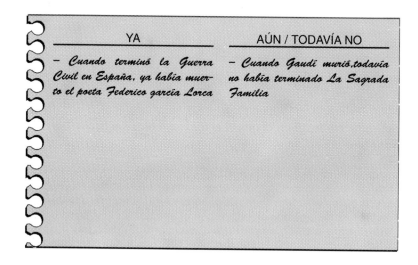

YA	AÚN / TODAVÍA NO
– Cuando terminó la Guerra Civil en España, ya había muerto el poeta Federico garcía Lorca	– Cuando Gaudí murió, todavía no había terminado La Sagrada Familia

C Completa con la opción correcta:

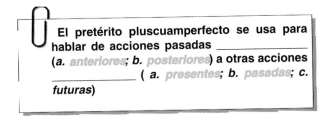

El pretérito pluscuamperfecto se usa para hablar de acciones pasadas _____ (a. anteriores; b. posteriores) a otras acciones _____ (a. presentes; b. pasadas; c. futuras)

3.3. Autoevaluación

Completa con el tiempo estudiado:

La costa atlántica andaluza poseía una gran tradición de navegación por el Atlántico, en colaboración con los comerciantes genoveses que (hacer) _____1_____ del Valle del Guadalquivir un enclave fundamental en sus rutas hacia Flandes y hacia el Sudán. Allí llegó en 1484 un marino de oscuro origen, llamado Cristóbal Colón, que (viajar) _____2_____ varias veces a Inglaterra y que desde hacía varios años vivía en Portugal ...
En Portugal (él, vivir) _____3_____ la fiebre expansiva hacia Oriente y (él, intentar) _____4_____ convencer sin éxito de la posibilidad de utilizar la ruta atlántica para llegar a las Indias.

(Geografía e historia de España y de los países hispánicos)

Distribuye las acciones en las dos columnas:

CUANDO LUISA LLEGÓ A CASA:

- ... su marido hizo la cena
- ... se dio cuenta de que era muy tarde
- ... los niños ya se habían ido a la cama
- ... ya había terminado su programa favorito
- ... se tumbó en el sofá y se quedó dormida

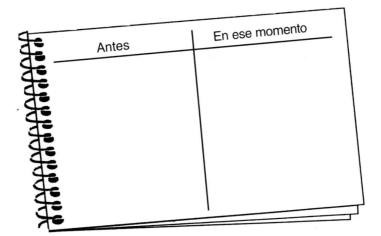

Antes	En ese momento

4 Cuando llamaste por teléfono, estábamos viendo una película (Acciones en desarrollo)

4.1. Ayer no salí porque estuve trabajando toda la tarde

A Lee el anuncio:
Aquí aparece una forma verbal que está compuesta de dos palabras, ¿cuál es?

"Estaba faenando el día que nació mi hijo. Pero le oí llorar."

Más de un millón de personas saben ya que lo único importante en un teléfono móvil es poder hablar estés donde estés. Y sólo Moviline llega al 95% del territorio.

Lo importante es poder hablar. **MoviLine** Estés donde estés

Faenar: Trabajar en el mar.

B Completa con los verbos que aparecen abajo. Fíjate en el ejemplo:

Ej.: Cuando vino a verme *yo trabajaba en mi despacho*

estaba trabajando

a Ayer no fuimos a la piscina porque *llovió durante todo el día.*

b Cuando llegaste a casa *yo estudiaba en mi habitación.*

c Hoy *he trabajado tres horas en la tesis.*

d Me dijeron que Pedro *había hablado de mí durante un buen rato en la fiesta.*

Estaba estudiando - Había estado hablando - Estuvo lloviendo - He estado trabajando

C ¿Qué sabes sobre estos personajes?
Completa el test eligiendo la forma adecuada. Después intenta contestar las preguntas:

a. ¿Qué actor norteamericano murió en España mientras **estaba/ha estado** rodando una película?

❏ 1.John Wayne ❏ 2. Tyrone Power

b. ¿Qué pintor español **estaba/estuvo** trabajando durante toda su vida en la corte de Felipe IV?

❏ 1. Velázquez ❏ 2. Goya

c. ¿Qué tenor **estaba/ha estado** cantando en los últimos años con Luciano Pavarotti y José Carreras?

❏ 1. Alfredo Kraus ❏ 2. Plácido Domingo

d. ¿Qué escritor español **estaba/estuvo** viviendo en EEUU desde finales de la guerra civil hasta su muerte?

❏ 1. R. J. Sender ❏ 2. C. J. Cela

D Completa el diálogo con el tiempo adecuado de los verbos que tienes abajo:

– ¿Qué tal?
+ No muy bien. Al final no te llamé ayer porque _____1_____ toda la tarde en el proyecto de fin de carrera.
– ¿Cómo lo llevas?
+ Fatal. _____2_____ toda la semana buscando documentación sobre uno de los capítulos, pero no he encontrado nada.
– Yo también estoy muy liada. Anoche _____3_____ para los exámenes. Tengo tres la semana que viene.
  Por cierto, quería preguntarte si sabes algo de Luis y María, ¿siguen en Madrid?
+ Pues, no sé, la última vez que los vi todavía _____4_____ en el piso de Atocha.

Estar buscando - Estar viviendo - Estar trabajando - Estar estudiando

E Completa con las palabras que aparecen abajo:

Para expresar acciones en desarrollo, durativas o repetidas, utilizamos ESTAR + _____.
Podemos utilizar este grupo _____ en los distintos tiempos del _____.

PASADO - GERUNDIO - VERBAL

4.2. Autoevaluación

El famoso torero JUAN BELMONTE reflexiona sobre su vida unos años antes de la guerra civil.

Busca qué verbos de los que aparecen en este texto pueden sustituirse por ESTAR+GERUNDIO (-NDO):

Me pasé un par de años absolutamente felices. Mis negocios prosperaban, mis hijas crecían alegres y mi mujer estaba, al fin, tranquila y libre de aquel sobresalto de las corridas... Hasta 1935 viví tranquilamente rodeado de los míos, disfrutando el bienestar que había sabido conquistarme,... pero el año 35, el castillete de mi felicidad se vino a tierra. Mi mujer cayó gravemente enferma y, al mismo tiempo, las circunstancias sociales y políticas por las que atravesaba España me procuraron frecuentes motivos de disgusto y hondas preocupaciones. Yo había invertido en tierras y ganadería el dinero que gané toreando. Era lo que se llama "un señorito terrateniente". Es decir, el hombre contra quien se iniciaba en España una revolución.

(M. Chaves Nogales, *Juan Belmonte, matador de toros*)

nivel 3

1 Viniste / has venido / venías / habías venido (Revisión de contrastes)

1.1. Cuando llamó yo estaba en mi habitación

De las frases en pasado:

a ¿Cuáles están relacionadas con el presente?

b ¿Cuáles describen una situación?

c ¿Cuáles se limitan a informar sobre el pasado?

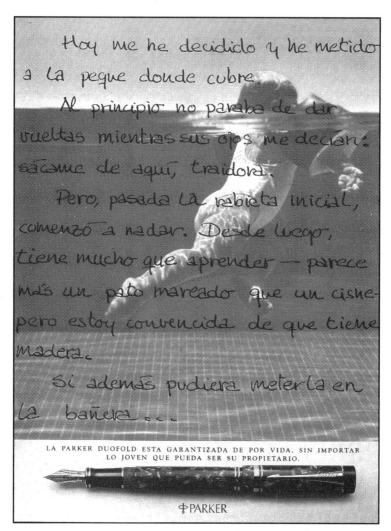

Hoy me he decidido y he metido a la peque donde cubre.

Al principio no paraba de dar vueltas mientras sus ojos me decían: sácame de aquí, traidora.

Pero, pasada la rabieta inicial, comenzó a nadar. Desde luego, tiene mucho que aprender — parece más un pato mareado que un cisne- pero estoy convencida de que tiene madera.

Si además pudiera meterla en la bañera...

LA PARKER DUOFOLD ESTA GARANTIZADA DE POR VIDA, SIN IMPORTAR
LO JOVEN QUE PUEDA SER SU PROPIETARIO.

ΦPARKER

a En el texto aparecen dos acciones simultáneas que describen una situacion. Escribe las frases en que se encuentran.

b Busca en el texto un verbo que pueda ser sustituido por **estaban diciendo**.

c ¿Las acciones **me he decidido**, **he metido** y **comenzó** ocurren el mismo día?

d Verdadero o falso:

1. El pretérito perfecto expresa un pasado cercano al hablante
❏ Verdadero   ❏ Falso

2. El pretérito indefinido expresa un pasado lejano
❏ Verdadero   ❏ Falso

Lee el siguiente anuncio:

a Fíjate en la frase **Nunca me había interesado cantar.** ¿Puedes sustituir el verbo que aparece por otra forma del pasado? ¿Expresaría lo mismo en este caso?

Cecilia Bartoli valora sobre todo dos instrumentos: su voz y su Rolex.

Cuando Cecilia Bartoli empezó a tomar lecciones de canto se quedó perpleja ante su propia voz. "Nunca me había interesado cantar", afirma. "Mi pasión era el flamenco, y cuando descubrí que tenía esta voz me hizo una enorme ilusión".

Fue su madre, cantante de ópera, la primera persona que supo ver sus aptitudes. "Nunca me obligó a cantar. Simplemente me sugirió que lo intentara. Y poco a poco me fui encontrando con esta voz". Una voz que ha llevado a Cecilia Bartoli a la cumbre del mundo operístico. "Ahora me entusiasma cantar", afirma.

Abrir la temporada en el Carnegie Hall es un gran logro para alguien tan joven. "Fue muy emocionante", dice. Pero para Cecilia todas las actuaciones son emocionantes. "Al principio me pongo un poco nerviosa, pero después escucho la música y empiezo a formar parte de ella.

Es una sensación maravillosa".

Cecilia experimenta un sentimiento parecido con su Rolex Oyster Perpetual. "Nos necesitamos mutuamente para seguir funcionando", dice. "Yo no voy a ninguna parte sin mi Rolex y mi Rolex tampoco va sin mí."

Ella sabe que cuando se cuidan todos los detalles, la actuación será perfecta. Precisamente, la razón por la que su Rolex le produce tanta satisfacción.

ROLEX
of Geneva

Cronómetro Rolex Lady Datejust en oro de 18 quilates con brazalete President.
Solicite información a: Relojes Rolex de España, S.A. Serrano, 45 - 5.ª planta. 28001 Madrid.

b Elige la opción correcta

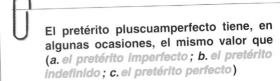

El pretérito pluscuamperfecto tiene, en algunas ocasiones, el mismo valor que (*a. el pretérito imperfecto*; *b. el pretérito indefinido*; *c. el pretérito perfecto*)

a Elige la opción que consideres correcta:

La frase **Me sentí plenamente feliz**

      1. Informa sobre un hecho del pasado que ya ha llegado a su fin.

      2. Describe una situación sobre cuyo final no se nos informa.

Pinnacles, West Australia.

Mi mirada contempló un instante la arena y el cielo.
Con la ayuda de mi cámara traté de captar
el alma de esta ruta de huellas milenarias.
Me sentí plenamente feliz.

Bernhard Schmid, fotógrafo.

Cacharel
pour l'homme
et pour
l'évasion

cacharel
pour Homme

b Subraya la opción correcta:

Cuando utilizamos el pretérito indefinido/pretérito imperfecto, lo que nos interesa es informar de que una acción o un hecho del pasado ha llegado a su final. Lo consideramos terminado. En cambio, cuando utilizamos el pretérito indefinido/pretérito imperfecto, lo que nos interesa no es el hecho en sí mismo, sino la situación que ese hecho describe.

E Completa con el tiempo adecuado del pasado el siguiente texto del periodista Eduardo Haro Tecglen:

EL ORIGEN DEL CAVA

Cuando yo (ser) _____1_____ niño no (poderse) _____2_____ comer en Cataluña el asado de Navidad si no le (acompañar) _____3_____ un cava semiseco, al que entonces (nosotros, llamar) _____4_____ champaña.
En la segunda mitad del siglo XIX (desarrollarse) _____5_____ la industria champañera en diversos lugares de España. Las primeras noticias de la elaboración del espumoso en Cataluña datan de 1872, cuando Josep Raventós i Fatjó, un entusiasta viticultor, (emprender) _____6_____ la alegre aventura de ensayar el vino espumoso. Al parecer, (él, obtener) _____7_____ un buen vino espumoso que (él, mejorar) _____8_____ visitando Francia. Luego (él, traspasar) _____9_____ a su hijo, Manuel Raventós, sus experiencias y sus cavas, y éste fue el primero que (poner) _____10_____ en venta un vino espumoso español.

(El País Semanal)

F Completa el siguiente diálogo en el que dos amigas hablan sobre las vacaciones de una de ellas en el Caribe:

– Bueno, ¿qué tal os lo (vosotros, pasar) _____1_____?
+ Genial, (nosotros, estar) _____2_____ en un sitio fantástico. Nunca (yo, ver) _____3_____ un lugar tan idílico. Es un auténtico paraíso.
– Pero cuéntame más detalles.
+ Si es que no (nosotros, hacer) _____4_____ nada especial excepto darnos la gran vida. (Nosotros, levantarse) _____5_____ tardísimo, a las doce o la una, (nosotros, irse) _____6_____ a la playa y (nosotros, estar) _____7_____ allí todo el día, disfrutando de la arena y del sol. Después (nosotros, volver) _____8_____ al hotel.
– Chica, ¡qué suerte! Yo también necesito unas vacaciones así.

G Elige el tiempo adecuado:

EL ORIGEN DE LAS MARCAS: BIMBO. TAN TIERNO COMO BAMBI

Corrían/corrieron los años cuarenta cuando unos empresarios catalanes residentes en Méjico deciden entrar en el sector de la producción y distribución de productos de panificación, bollería y pastelería, intentando comercializar pan de molde en rebanadas. No **había/hubo** excesivas consultas a publicitarios para ponerle un nombre, lo **decidían/decidieron** entre todos ellos, contando incluso con la opinión de familiares. La idea del pan tierno y jugoso les **conducía/condujo** hasta la más abstracta noción de "ternura", y la ternura en aquellos tiempos **tenía/tuvo** un nombre: "Bambi", el gracioso cervatillo de los dibujos animados. Pero "Bambi" **era/fue** de Walt Disney y utilizarlo hubiera supuesto pagar derechos, así que **había/hubo** que jugar con las vocales de la palabra: "bambi", "bambo", "bembo", etc. hasta que **aparecía/apareció** "Bimbo". El osito vestido de panadero que **acompañaba/acompañó** al logotipo **era/fue** producto de la imaginación de la esposa de uno de los socios.

(Revista Clara)

1.2. Autoevaluación

Completa con el tiempo adecuado del pasado:

EL SEXTO SENTIDO DE MARTINI

Siempre (yo, presumir) _____1_____ de tener especialmente desarrollado el sexto sentido. Mi intuición me (ayudar) ____2____ a triunfar en mi vida profesional... y en la sentimental. Precisamente guiada por mi intuición (yo, llevar) ____3____ tres días en un fastuoso hotel de la Riviera. No sabía muy bien por qué (yo, escoger) ____4____ _____ aquel lugar para pasar unos días pendientes de vacaciones, pero allí (yo, estar) ____5____ , y mi intuición me decía que algo (estar) ____6____ a punto de sucederme...

Aquella tarde me había quedado dormida tomando el sol en una de las comodísimas hamacas de la terraza del hotel, y no (yo, desear) ____7____ por nada del mundo acabar de despertarme. De repente mi instinto de mujer (hacer) ____8____ que entreabriera los ojos, y allí, delante de mí, percibí la forma de un atractivo hombre moreno, impecablemente vestido de negro y con unas misteriosas gafas de sol. Aunque todos los bañistas se le quedaron mirando, él atravesó la piscina como si estuviera totalmente solo. (El, acomodarse) ____9____ en la barra del bar y (disponerse) ____10____ a beber, con los labios más seductores que jamás (yo, ver) ____11____ , un delicioso Martini con mucho hielo. Mis adormilados sentidos se debatían entre el sueño y la realidad, así que cerré de nuevo los ojos y me imaginé sentada en la barra junto a él, sintiéndome la mujer más envidiada de toda la terraza, saboreando también un Martini con mucho hielo, un Martini tan frío como su oculta mirada...

Cuando (yo, empezar) ____12____ a quedarme otra vez profundamente dormida una sensación angustiosa interrumpió de nuevo mi sueño. ¿Era un perfume lo que me (despertar) ____13____ ? No. La mujer que acababa de pasar junto a mí despedía tan malas intenciones que se me erizó toda la piel. (Ella, llevar) ____14____ un vestido negro ajustado, irresistible para la mirada de un hombre, y un velo en forma de telaraña ocultaba un rostro bello pero malvado. No sabía de dónde había salido esa mujer morena disfrazada de viuda, pero se veía claramente que buscaba algo del hombre del Martini. Sin moverme de mi privilegiada posición simulé seguir dormida y (yo, agudizar) ____15____ el oído, pero no (yo, oír) ____16____ nada. Ella se le (acercar) ____17____ contoneándose como una serpiente, le (ella, arrebatar) ____18____ el Martini de las manos y (ella, beber) ____19____ de su vaso sin pronunciar ninguna palabra.

Después le (ella, dar) _____20_____ la llave de su habitación, la número 13, y se alejó dejando tras de sí el mismo rastro que cuando (ella, llegar) _____21_____. ¿Qué se había creído? Aquella mujer me había quitado el sueño. Era yo, y no ella, quien tenía que estar junto al hombre de las gafas de sol. Era yo quien tenía que saborear un sorbo de ese delicioso Martini. Era yo quien tenía que acabar la tarde junto a él en una de las lujosas habitaciones de aquel hotel de la Riviera... En lugar de eso, (yo, darme _____22_____ la vuelta y me dispuse a relajarme de nuevo. Pero entonces la (yo, ver) _____23_____ otra vez. Aquella mujer no (saber) _____24_____ qué hacer para llamar la atención del hombre del Martini. Ahora (ella, estar _____25_____ en el balcón de una de las habitaciones mirando descaradamente al hombre de negro. Sin duda (ella, planear) _____26_____ algo más que unos momentos de pasión. Sin duda (ella, planear) _____27_____ algo malvado. No pude evitar girarme para ver la expresión del hombre del Martini. (Yo, estar) _____28_____ segura de que él, igual que cualquier hombre, no podría resistirse a ese cuerpo, sucumbiría ante aquella mujer "Araña" y caería en la trampa. Sin embargo esta vez mi instinto me engañó. El se quedó inmóvil durante unos instantes, y, de repente, apuró su refrescante Martini y se fue del hotel sin mediar palabra, dejando la llave de la habitación a un hombre que (chapotear) _____29_____ con una colchoneta en la piscina.

Siempre he presumido de tener especialmente desarrollado el sexto sentido, pero (ser) _____30_____ la primera vez que veía a un hombre utilizarlo tan acertadamente. Aquel hombre de negro había intuido peligro y había escapado de la trampa de la mujer Araña. Aquel hombre de negro había ganado a una mujer utilizando un arma de mujer: el sexto sentido.

(Revista Woman)

SI TIENES MUCHOS PROBLEMAS CON ESTE PUNTO, REPASA DE NUEVO EL NIVEL 2, APARTADOS 1.2, 2.2, 3 Y 4.

2 Hace = hizo = hacía (Imperfecto por indefinido; presente por imperfecto e indefinido)

2.1. El presidente del gobierno llegaba ayer al aeropuerto de Barajas (Imperfecto por indefinido)

A En verano nunca pasa nada

a Lee las siguientes noticias producidas durante el verano de 1969.
¿Crees que es posible sustituir los verbos subrayados por otro tiempo del pasado? ¿Cuál?

EL PRIMER HOMBRE EN LA LUNA. JULIO DE 1969

El 21 de julio de 1969, el astronauta estadounidense Neil Armstrong dejaba la primera huella humana en suelo lunar.

FESTIVAL DE WOODSTOCK. AGOSTO DE 1969

Ese mismo verano, el 17 de agosto, se celebraba en la localidad canadiense de Woodstock el festival de música pop destinado a marcar un hito musical y sociológico en la cultura joven de las siguientes décadas.

(La Revista de El Mundo)

b ¿Cuáles de los verbos subrayados en las siguientes noticias se pueden sustituir por otro tiempo?

1. EL POTEMKIN Y EL NUMANCIA.

Junio de 1905 y agosto de 1911.
Unos alimentos semipodridos fueron la chispa que disparó el motín democrático de los marineros del acorazado ruso Potemkin, el 27 de junio de 1905, que daría pie a la célebre película de Einsenstein. Y el 2 de agosto de 1911, los marinos españoles del barco Numancia se amotinaban para reclamar la República.

2. LA SEMANA TRÁGICA.

Julio de 1909.
Los obreros catalanes escogieron la semana del 26 al 31 de Julio de 1909 para desatar un movimiento de protesta contra la guerra que España libraba en Marruecos. Tras los enfrentamientos con las fuerzas del orden el balance de muertos fue de setenta y cinco huelguistas y tres agentes.

3. LA PRIMERA GUERRA MUNDIAL.

Julio de 1914.

El 28 de ese mes, treinta días después del asesinato en Sarajevo del heredero del troo austro-húngaro, Austro-Hungría declaraba la guerra a Serbia. Con ello <u>se iniciaba</u> la primera Gran Guerra.

4. NIXON DIMITE.

Agosto de 1974.

Tras las convulsiones de la guerra del Vietnam y el escándalo por corrupción y espionaje del Watergate, el presidente de Estados Unidos, Richard Nixon, <u>presentaba</u> su dimisión el 8 de agosto de 1974.

5. SUÁREZ, PRESIDENTE.

Julio de 1976.

En España, el 3 de julio, el Rey Juan Carlos I <u>designaba</u> presidente de Gobierno a Adolfo Suárez, un joven político proveniente del régimen franquista que después sería, sin embargo, uno de los principales artífices de la transición a la democracia.

6. TRIUNFO SANDINISTA.

Julio de 1979.

Cuando la era de las revoluciones <u>parecía</u> cerrada, el movimiento insurgente sandinista <u>lograba</u> el triunfo en Nicaragua, el 20 de julio, y <u>acababa</u> con la dictadura de Somoza.

8. INVASIÓN DE KUWAIT.

Agosto de 1990.

El dictador iraquí Sadam Hussein <u>invadía</u> Kuwait el 2 de agosto. Esa invasión daría pie a Estados Unidos y sus aliados para desencadenar después la llamada Guerra del Golfo.

7. BOMBA CONTRA ECOLOGISTAS.

Julio de 1985.

El 19 de ese mes, los servicios secretos franceses <u>atentaban</u> en Nueva Zelanda contra el barco de la organización ecologista Greenpeace, llamado Rainbow Warrior, matando a un fotógrafo que <u>estaba</u> a bordo.

9. GOLPE DE ESTADO EN LA URSS.

Agosto de 1991.

El 19 de agosto de 1991 <u>se producía</u> un golpe de Estado de los comunistas ortodoxos contra Mijail Gorbachov. El desenlace del frustrado golpe no sólo terminaría con la presidencia de Gorbachov sino que acabaría por hacer desaparecer a la URSS unos meses después.

A   Elige la opción adecuada

En los textos periodísticos e históricos se usa con frecuencia el (*a.* pretérito perfecto; *b.* pretérito imperfecto; *c.* pretérito pluscuamperfecto) en lugar del (*a.* pretérito indefinido; *b.* pretérito imperfecto; pretérito perfecto)

C En los textos 1, 5, 8 y 9 aparecen varias formas en un tiempo distinto a los que hemos visto hasta ahora (**daría**, **sería**, **terminaría**, **acabaría**) ¿Puedes sustituirlas por otro tiempo?

D Completa con las palabras que tienes abajo:

> En lenguaje _____ es _____ usar
> el _____ en lugar del pretérito indefinido
> para hablar del _____ con respecto de un
> punto del pasado.
>
> FUTURO - FORMAL - FRECUENTE - CONDICIONAL

2.2. Colón llega a América en 1492 (Presente por indefinido e imperfecto)

A ¡Ayer casi me rompo una pierna!

Lee el diálogo de la derecha:

a ¿Los siguientes ejemplos del texto se refieren al presente o al pasado:
"Casi me parto una pierna", "noto que el suelo se abre bajo mis pies" y "me encuentro metida en una zanja de más de un metro"?

b ¿Cuál de estas acciones no sucedió pero estuvo a punto de suceder?

c ¿Son ejemplos de lengua formal o informal?

> **RAQUEL:** Bueno, Marcos, como te iba diciendo, ayer por la tarde casi me parto una pierna. No sé cómo me libré...
> **MARCOS:** Pero ¿qué te pasó?
> **RAQUEL:** Pues nada, iba andando tranquilamente cuando, de repente, noto que el suelo se abre bajo mis pies y me encuentro totalmente metida en una zanja de más de un metro.
> **MARCOS:** ¡No me digas! ¿Y dónde fue?
> **RAQUEL:** Muy cerca del trabajo. Están haciendo obras para arreglar el fluido eléctrico. Llevan ya un mes y tienen el barrio hecho una pena.

B Cronología de 1996. Lee el siguiente texto en el que aparecen algunas de las noticias que tuvieron lugar durante el mes de enero de 1996:

> EN ENERO DE 1996 un temporal de lluvia y nieve **entra** en España -La banda terrorista ETA **secuestra** al funcionario de prisiones José Ortega Lara - El magistrado Eduardo Móner **notifica** el procesamiento de José Barrionuevo(*) - **Muere** François Mitterrand - **Dimite** Papandreu
>
> (*) Ministro del Interior durante uno de los gobiernos del PSOE (Partido Socialista Obrero Español)
>
> (*El País Semanal*)

Sustituye los verbos por otro tiempo posible

C   Transforma los presentes en un tiempo adecuado del pasado:

LA PINTURA EN LA EDAD DE ORO (*)

Corren aires de novedad por los talleres de pintura. Los gremios pierden fuerza y ya no se elige al maestro sólo por su calidad profesional o su honestidad. Ahora los jóvenes quieren ser discípulos de los grandes artistas, y cuando éstos aceptan, quedan a su cargo muchachos de diez o doce años dispuestos a iniciar el aprendizaje. La familia paga un sueldo para cubrir sus gastos, y éstos pasan a vivir en casa del maestro.

En los talleres se cuentan antiguas y maravillosas historias. Como la del maestro que paseando por el campo ve a un humilde pastor dibujar un cordero sobre una roca, utilizando como instrumento una afilada piedra. Admirado por la habilidad del muchacho se lo lleva de aprendiz a su taller y consigue, con sus enseñanzas, hacer de él un famoso pintor (...)

Estas y otras historias dan a los maestros fuerza para imponer su autoridad.

(El País Semanal)

(*) Edad de Oro: Época de esplendor cultural en España entre los siglos XVI y XVII.

D   Completa con las palabras que aparecen abajo:

En la lengua formal (sobre todo en en los textos históricos y en el lenguaje periodístico) se usa a veces el _____ para hablar del pasado.

En la lengua _____ también utilizamos el _____ para hablar de _____ que estuvieron a punto de suceder o para dar mayor énfasis al relato.

ACCIONES - INFORMAL - PRESENTE(*)

(*) Lo necesitarás dos veces

2.3. Autoevaluación

A   En el texto que tienes a continuación, pon los verbos en negrita en otro tiempo posible:

LA HISTORIA DE LOS GATOS

Hace unos 900.000 años, a finales de la primera Era Glacial, apareció el Felis silvestris, el ancestro de todos los gatos que conocemos en la actualidad. De Africa, de donde era originario, pasó a Europa y Asia. El Felis silvestris era una especie de gato montés que habitaba en bosques y matorrales y en un amplio espacio que comprendía el norte de Africa y las islas del Mediterráneo: Mallorca, Córcega, Sicilia, Creta, etc. Era un animal de costumbres nocturnas, gran cazador, y pronto se acostumbró a vivir cerca de los asentamientos humanos.

Sin embargo, el gato, como lo conocemos hoy en día, **aparece** en el antiguo Egipto, alrededor del año 2000 antes de nuestra Era. En el Egipto de los faraones, el gato era un animal adorado como una divinidad, adoración a la que quizás no eran ajenas las dotes de grandes cazadores de estos animales, puesto que así protegían los repletos graneros egipcios.

Los egipcios los consideraban como pequeñas divinidades a las que dieron el nombre de "Mau" (curioso parecido con nuestro "miau"), y cuando morían eran embalsamados y enterrados en el gran templo de la diosa Bast -la diosa gato- que se hallaba en Bubastis.

El culto a la diosa Bast se prolongó a lo largo de 2.000 años, período en el cual los gatos fueron embalsamados y enterrados a miles. En un solo lugar, en Beni Hassan, se han hallado más de 300.000 momias.

De Egipto, muy pronto, el gato **pasaría** al lejano Oriente. Alrededor del año 400 (d.c.), los gatos llegaron a Tailandia donde **gozarían** de gran reputación y de allí pasaron a Birmania y Japón.

En Europa, al gato no le fueron demasiado bien las cosas. Después de ser animales apreciados en la antigua Roma y representados en frescos y mosaicos, el cristianismo empezó a mirarlos con malos ojos. Veía en ellos una estrecha relación con los cultos paganos y rápidamente los identificó con las brujas y los agentes del diablo. A finales del siglo XIII, la Iglesia impulsaba una feroz persecución de los gatos que **duraría** 450 años y que, quizás tuvo que ver con la propagación en Europa de grandes pestes llevadas por doquier por las ratas.

En el siglo XVIII, el hombre **vuelve** a mirar al gato con ojos más benévolos. En Inglaterra, especialmente, el gato vuelve a aparecer en muchos hogares y se tiene noticia de que en 1598 se celebró la primera exposición felina, pero el gran auge de las mismas no empieza realmente hasta 1871, cuando en Londres, en el Crystal Palace, **se organiza** la primera gran exposición felina. A partir de esta fecha, criadores y genetistas, enamorados de la belleza de los gatos, han logrado las razas, pelajes y colores que alegran y dan color a millones de hogares.

(Revista Friskies)

3 Yo ya me iba (Otros usos del pretérito imperfecto y del pretérito pluscuamperfecto)

3.1. Pensaba ir a tu casa esta tarde

A   Lee el siguiente diálogo que mantienen dos compañeras en el trabajo:

CLAUDIA: Perdona, Amalia. ¿Tienes un momento?
AMALIA: Bueno, ya me iba pero sí, dime.
CLAUDIA: Sólo quería comentarte que el jueves nos reuniremos para hablar del presupuesto de la Asociación para el próximo año.
(En ese momento suena el teléfono y Amalia contesta)
AMALIA: Perdona, ¿Me decías?
CLAUDIA: Pues que el jueves tendremos una reunión para hablar del presupuesto del próximo año.
AMALIA: ¿Pero esa reunión no era mañana?
CLAUDIA: No, hemos decidido posponerla porque el jueves nos viene mejor a todos.

a   Subraya los verbos que aparezcan en un tiempo del pasado

b   De esos verbos, ¿cuáles se refieren al pasado?

c   Completa con las palabras que tienes abajo:

El _____ se utiliza para indicar que una acción está a punto de _____.
También lo utilizamos para pedir que se nos _____ una información.

REALIZARSE - CONFIRME - PRETÉRITO IMPERFECTO

B   En el siguiente diálogo, que tiene lugar en una fiesta, Simón conoce a una chica:

CÉSAR: Mira, Simón, te presento a una amiga, Areti.
SIMÓN: Encantado.
ARETI: Encantada.
CÉSAR: ¿Os apetece tomar algo?
ARETI: Sí, una cerveza.
SIMÓN: Yo también, gracias.
SIMÓN: Perdona, ¿te llamabas?
ARETI: Areti; es un nombre griego. Mi padre nació en Atenas pero vino a España cuando era pequeño. Yo me llamo así por mi abuela.
SIMÓN: ¿Has estado en Grecia alguna vez?
ARETI: Sí, varias veces, de vacaciones. Además, este verano pensaba ir a Atenas a estudiar griego, pero aún no me he decidido del todo.

a ¿Qué dos verbos en pasado se refieren al presente?

b ¿Por qué Simón le pregunta a Areti por su nombre si ya han sido presentados?

c Fíjate en estas dos oraciones:
- Pensaba ir a Atenas este verano
- Pienso ir a Atenas este verano

¿Qué oración te parece que indica una decisión más firme?

d Completa con las palabras que aparecen abajo:

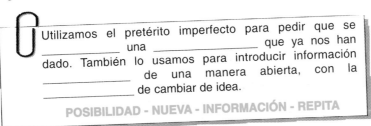

Utilizamos el pretérito imperfecto para pedir que se _____ una _____ que ya nos han dado. También lo usamos para introducir información _____ de una manera abierta, con la _____ de cambiar de idea.

POSIBILIDAD - NUEVA - INFORMACIÓN - REPITA

C Lee este diálogo en el que Julián le pide un consejo a su amigo Alfonso:

a ¿Puedes sustituir los verbos en negrita por otro tiempo?

> **JULIÁN:** No sé qué hacer. Ahora que las cosas **empezaban** a irme bien, he suspendido varias asignaturas y no me atrevo a decírselo a mis padres. ¿Qué harías tú en mi lugar?
> **ALFONSO:** Yo que tú se lo **contaba** cuanto antes. Es mejor que se enteren por ti.

b Completa con las palabras que aparecen abajo:

En la lengua _____ usamos el pretérito imperfecto en lugar del _____ cuando queremos expresar que la acción podría realizarse. El pretérito imperfecto también sustituye al _____ en el lenguaje informal cuando nuestros planes no se desarrollan como esperábamos, es decir, cuando queremos expresar _____.

CONTRARIEDAD - PRESENTE
CONDICIONAL - INFORMAL

D　Lee el siguiente texto:

Emilio es uno de los chicos más amables que conozco; siempre está dispuesto a hacerte un favor. El otro día, sin ir más lejos, yo necesitaba algunas cosas del supermercado, pero no podía dejar la oficina porque estaba esperando una llamada importante. Cuando se lo comenté se ofreció a bajar él mismo, así que le encargué lo que quería y a los pocos minutos ya me lo había traído. ¡Este chico es un cielo!

a　¿Qué acción ocurre en primer lugar, **le encargué lo que quería** o **ya me lo había traído**?

b　Elige la opción correcta:

El (a. pretérito imperfecto; b. pretérito pluscuamperfecto; c. pretérito perfecto) se usa para hablar de acciones pasadas inmediatamente (a. anteriores; b. posteriores) a otras acciones pasadas.

3.2. Autoevaluación

A　En el siguiente texto, busca qué verbos pueden sustituirse por otro tiempo

Mi mejor amiga está atravesando un mal momento. Ha roto con su novio y está desesperada, y para colmo, no tiene trabajo. Lo que necesitaba ahora es un trabajo que la mantuviera ocupada todo el día, pero está tan deprimida que no tiene ningún interés en buscar nada. Yo, en su lugar, me iba unos días de vacaciones para olvidar y poder empezar de nuevo.

B　Utiliza un tiempo del pasado para decir lo mismo:

- Estoy a punto de salir _____
- Estoy pensando ir al cine este fin de semana, pero no estoy muy convencida _____
- ¿Me estabas diciendo? _____
- No recuerdo cómo te llamas _____

4 Apenas hubo dicho lo que pensaba, se marchó (El pretérito anterior)

4.1. ¿Cómo se hace?

A Lee la siguiente frase:

- *Una vez hubo conseguido lo que quería se fue sin dar más explicaciones.*

a ¿Con qué formas de las siguientes relacionas **hubo**?

> TENÍA - ESTUVO - DIJO - SUPO - HIZO
> ESTABA - VINO - TUVO - QUERÍA

b Relaciona la forma **hubo conseguido** con estas personas:

> ÉL - YO - USTED - NOSOTROS - USTEDES - VOSOTROS - ELLA - TÚ

c Relaciona las dos columnas:

Hubisteis terminado •	• Yo
Hubo salido •	• Tú
Hube declarado •	• Él, ella, usted
Hubimos dicho •	• Nosotros
Hubiste hecho •	• Vosotros
Hubieron comprado •	• Ellos, ellas, ustedes

B Completa

	LLEGAR	HACER
YO		
TÚ	*hubo llegado*	
ÉL, ELLA, USTED		
NOSOTROS/AS		
VOSOTROS/AS		
ELLOS/AS, USTEDES		*hubieron hecho*

> Una vez hubo declarado el acusado, fue puesto en libertad

A   Qué otras formas pueden aparecer en lugar de **hubo declarado**?

B   ¿Cambiaría el significado de la frase?

C   ¿Qué expresión temporal aparece en la frase? Sustitúyela por otra forma más usada

NOTA: El pretérito anterior es un tiempo que se utiliza muy poco en español. Su uso queda limitado a textos escritos, sobre todo literarios.

D   Elige la opción adecuada

El pretérito anterior se utiliza frecuentemente / con muy poca frecuencia en español. Aparece, sobre todo, en textos de carácter formal o literario /de carácter informal.
Con este tiempo nos referimos a una acción pasada/presente/futura inmediatamente anterior a otra acción también pasada/presente/futura.

4.3. Autoevaluación

Lee el texto:

Sucedió, pues, que al día siguiente de la bronca en el comedor de la casa de huéspedes, la Petra, muy de mañana, despertó a Manuel y le mandó vestirse. Recordó el muchacho la escena del día anterior; la comprobó, llevándose la mano a la frente, pues aún le dolían los chichones, y por el tono de su madre comprendió que persistía en su resolución de llevarle a la zapatería.
Luego que se hubo vestido Manuel salieron madre e hijo de casa y entraron en la buñolería a tomar una taza de café con leche.
Bajaron después a la calle del Arenal, cruzaron la plaza de Oriente, y por el Viaducto, y luego por la calle del Rosario, siguiendo a lo largo de la pared de un cuartel, llegaron a unas alturas a cuyo pie pasaba la Ronda de Segovia.

(P. Baroja, *La Busca*)

Localiza en el texto el tiempo que estás estudiando y sustitúyelo por otras formas posibles

5 Dijo que era francés (Correspondencia de tiempos en Estilo Indirecto)

5.1. Dijo que no había visto nada parecido

A Lee el siguiente anuncio:

a ¿Cuáles fueron las palabras exactas que pronunció el protagonista del anuncio delante de sus amigos?

b Imagina que uno de los amigos del fondo sólo ha oído:

"Esta cena +*-+*-*++--+" y pregunta a uno de sus compañeros:

¿Qué ha dicho sobre la cena?

Dos respuestas posibles pueden ser:

1. ... que la paga él
2. ... que la pagaba él

Aquí fue cuando dijiste a tus amigos:
"Esta cena la pago yo."

Aquí fue cuando te trajeron la cuenta.

Por suerte no tienes que pagarlo todo de una vez.
Con la tarjeta de crédito Citibank Visa es muy fácil. ¿Por qué? Porque, cada mes, tú decides cuánto quieres pagar. Un mínimo, un poco más o, si lo prefieres, el total. Una decisión que puedes tomar hasta cuatro días antes de que te pasen el cargo. Y ni siquiera tienes que cambiar de banco para tener tu tarjeta Citibank. La cantidad que decides pagar se deduce de tu cuenta, igual que cualquier otro recibo que tengas domiciliado. Y además, disfrutas de todas las ventajas de una gran tarjeta: seguros contra robo o fraude, retirada de efectivo en cajeros automáticos y la excepcional cobertura de Visa. Llama y solicita tu tarjeta de crédito Citibank Visa. 900 330 003

Sólo tú decides.

CITIBANK
THE CITI NEVER SLEEPS.

¿En qué caso la persona que contesta piensa que el protagonista del anuncio va a pagar realmente la cena?

¿En qué caso se transmite simplemente la información que se ha pedido?

c Imagina ahora que el protagonista se queja, una semana después, al ver las fotos, de haber tenido que pagar la cena. ¿Qué crees que le diría el amigo que le está enseñando las fotos?

- 1. Dijiste que la pagabas tú
- 2. Dijiste que la pagas tú

a Una amiga llama por teléfono a María para interesarse por su estado:

– La semana pasada fuiste al médico, ¿no? ¿Qué te dijo?

  • 1. Que esta vez van a ser dos niñas.
  • 2. Que esta vez iban a ser dos niñas.

Ambas respuestas son posibles, a pesar de que las niñas aún no han nacido, pero ¿con cuál de ellas María, se limita a transmitir las palabras del médico sin comprometerse con su validez?

Este diamante me lo regaló Juan cuando nació nuestro primer hijo. Mi médico dice que esta vez pueden ser un par de "dormilonas"

EL DIAMANTE DE MARIA LEON.
De todas las cosas de valor que nos ofrece la tierra, los diamantes son, sin duda, lo máss difícil de encontrara. Se han de extraer toneladas y toneladas de mineral para conseguir un diamante de 1 quilate de peso una vez tallado. Y al contrario que los gemelos, jamás habrá dos diamantes idénticos. Por eso, si son un par de "dormilonas", María se emocionará cuanto más iguales sean. Si desea un catálogo de Solitarios desde 200.000 ptas. de la Colección Venus Diamonds de Victor Caparrós, llame.al Tel. 902 20 00 22.

**Un diamante es para siempre
De Beers**

b Imagina ahora que unos meses después, en lugar de dos niñas, nacen dos niños. ¿Qué le diría María a su médico? Elige el verbo adecuado:

¡Pero si usted me dijo que   • 1. pueden
                               • 2. podían ser un par de dormilonas

C Aristóteles dijo que la esperanza era el sueño del hombre despierto.

a ¿Cuáles fueron las palabras exactas de Aristóteles?
     "La esperanza _____ el sueño del hombre despierto".

b Teniendo en cuenta que estas palabras pueden seguir siendo válidas en el momento actual, ¿podríamos reproducir el mensaje de la siguiente manera:
     Aristóteles dijo que la esperanza es el sueño del hombre despierto ?

D Completa con las palabras que aparecen abajo

> Cuando reproducimos un mensaje en ESTILO INDIRECTO con un verbo introductor en _____ (dijo), es necesario cambiar los _____ si las _____ temporales también han cambiado.
> En cambio, si el mensaje sigue siendo _____ o si las circunstancias temporales son las mismas, no es necesario, aunque sí _____, cambiar los verbos.
>
> FRECUENTE - CIRCUNSTANCIAS - PRETÉRITO
> INDEFINIDO - VÁLIDO - TIEMPOS VERBALES

E Aquí tienes algunos personajes históricos. ¿Qué dijeron a lo largo de sus vidas? Fíjate en la forma en que se reproducen los mensajes:

PICASSO DIJO:
"Yo pinto las rosas no como las veo sino como las pienso"
Picasso dijo que él pintaba las rosas no como las veía sino como las pensaba.

SIMÓN BOLÍVAR DIJO:
"Yo no he podido hacer ni bien ni mal. Fuerzas irresistibles han dirigido la marcha de nuestros sucesos. Atribuírmelos no sería justo y sería darme una importancia que no merezco"
Simón Bolívar dijo que él no había podido hacer ni bien ni mal, que fuerzas irresistibles habían dirigido la marcha de sus sucesos y que atribuírselos no sería justo y sería darse una importancia que no merecía.

GOETHE DIJO:
"Si yo pinto mi perro exactamente como es, naturalmente tendré dos perros, pero no una obra de arte"
Goethe dijo que si él pintaba su perro exactamente como era, tendría dos perros, pero no una obra de arte.

JULIO CESAR DIJO:
"Llegué, vi, vencí"
Julio César dijo que llegó, vio y venció.
Julio César dijo que había llegado, había visto y había vencido.

a Las palabras de estos personajes famosos, ¿siguen siendo válidas hoy, es decir, pueden aplicarse al momento actual?

b En frases como las anteriores, donde las circunstancias temporales han cambiado, es necesario hacer algunas transformaciones en los verbos. Fíjate en los ejemplos de arriba y di si las siguientes transformaciones son correctas o incorrectas:

Cuando en la frase original aparece un...	En la frase en estilo indirecto tenemos que cambiarlo por un...
1. Presente *(entro, entras)*	Pretérito indefinido *(entré, entraste)* ❑ Correcto　　　❑ Incorrecto
2. P. Imperfecto *(entraba, entrabas)*	P. Indefinido *(entré, entraste)* ❑ Correcto　　　❑ Incorrecto
3. P Perfecto *(he entrado, has entrado)*	P. Pluscuamperfecto *(había entrado, habías entrado)* ❑ Correcto　　　❑ Incorrecto
4. P. Indefinido *(entré, entraste)*	P. Indefinido *(entré, entraste)* ❑ Correcto　　　❑ Incorrecto
5. P. Indefinido *(entré, entraste)*	P. Pluscuamperfecto *(había entrado, habías entrado)* ❑ Correcto　　　❑ Incorrecto
6. Futuro *(entraré, entrarás)*	Condicional *(entraría, entrarías)* ❑ Correcto　　　❑ Incorrecto
7. Presente *(entro, entras)*	P. Imperfecto *(entraba, entrabas)* ❑ Correcto　　　❑ Incorrecto
8. Condicional *(entraría, entrarías)*	Condicional *(entraría, entrarías)* ❑ Correcto　　　❑ Incorrecto
9. P. Imperfecto *(entraba, entrabas)*	P. Imperfecto *(entraba, entrabas)* ❑ Correcto　　　❑ Incorrecto

F Hace tiempo prestaste un libro a uno de tus amigos. Ahora lo necesitas y se lo pides. Tu amigo te dice que va a devolverte el libro; el problema es que esta persona nunca cumple lo que dice:

El sábado tu amigo te dijo:

"No te preocupes, el lunes te devolveré el libro"

Di qué opción es la correcta (en algunos casos pueden serlo las dos)

a   Hoy es domingo

- Ayer me dijo que mañana...
    - ❑ 1. me devolverá el libro
    - ❑ 2. me devolvería el libro

b   Hoy es lunes

- El sábado me dijo que hoy...
    - ❑ 1. me devolverá el libro
    - ❑ 2. me devolvería el libro

c   Hoy es jueves

- El sábado me dijo que el lunes...
    - ❑ 1. me devolverá el libro
    - ❑ 2. me devolvería el libro

5.2. Autoevaluación

A   Lee las siguientes citas célebres y transforma después los verbos (puede haber dos transformaciones):

a   "Me agrada mucho el trabajo; incluso me fascina. Puedo sentarme y contemplarlo horas enteras. Gozo con tenerlo cerca de mí; y la idea de librarme de él me rompe el corazón".

Jerôme Klapka
(Humorista inglés)

> Jerôme Klapka dijo que le _____ mucho el trabajo, que incluso le _____ ; que _____ sentarse y contemplarlo horas enteras. Añadió que _____ con tenerlo cerca de él, y que la idea de librarse de él le _____ el corazón.

b   "Nada grande se ha realizado sin entusiasmo"

Ralph Emerson Waldo
(Poeta norteamericano)

> Ralph Emerson Waldo dijo que nada grande _____ sin entusiasmo.

c "La madurez del hombre es haber vuelto a encontrar la seriedad con que jugaba cuando era niño".

Friedrich Nietzsche
(Filósofo alemán)

Friedrich Nietzsche dijo que la madurez del hombre _____ haber vuelto a encontrar la seriedad con que _____ cuando _____ niño.

d "En la vida cada día que pasa me interesa bastante menos ser juez de las cosas y voy prefiriendo ser su amante".

José Ortega y Gasset
(Escritor y filósofo español)

Ortega y Gasset dijo que en la vida cada día que _____ le _____ bastante menos ser juez de las cosas y que _____ prefiriendo ser su amante.

B Esta noche los compañeros de Juan van a celebrar una fiesta. Cuando le llaman por teléfono para invitarle, su mujer les dice lo siguiente:

"Juan no puede salir esta noche porque está en la cama con gripe"

Durante la fiesta alguien pregunta por Juan y le contestan:

"Su mujer nos dijo esta mañana que:
• 1. _____ en la cama con gripe"
• 2. _____ en la cama con gripe"

Al día siguiente sus amigos se enteran de que Juan estuvo de copas hasta muy tarde con sus compañeros de trabajo. Uno de sus amigos le dice:

"¡Pero si tu mujer nos dijo que _____ en la cama con gripe"!

respuestas

Nivel 1

1.A   Todas las frases se refieren al pasado.

1.1.1.A   Has estado ➡ José
He salido ➡ José
Han ido ➡ Unos amigos
Han pensado ➡ Unos amigos
Hemos conseguido ➡ Carlos y su novia
Habéis tenido ➡ Carlos y su novia
Ha pagado ➡ Un compañero

1.1.1.B   a) He salido; b) han pensado; c) han ido; d) habéis tenido; e) has estado; f) ha pagado

1.1.1.C   El verbo HABER

1.1.1.D   Sustituimos: -AR por -ado
-ER por -ido
-IR por -ido

1.1.1.E

	HABLAR	VENIR	CANTAR	TRAER
Yo	he hablado	he venido	he cantado	he traído
Tú	has hablado	has venido	has cantado	has traído
Él, ella, usted	ha hablado	ha venido	ha cantado	ha traído
Nosotros, nosotras	hemos hablado	hemos venido	hemos cantado	hemos traído
Vosotros, vosotras	habéis hablado	habéis venido	habéis cantado	habéis traído
Ellos/as, ustedes	han hablado	han venido	han cantado	han traído

1.1.1.F   Ha sido - he visitado - he conocido - no he ido - he tenido - me he levantado - he llamado - hemos desayunado - has decidido

1.1.2.A Has llegado ➡ llegar
Has liberado ➡ liberar
Has cambiado ➡ cambiar
Has enseñado ➡ enseñar
He estado ➡ estar

1.1.2.B Abierto y descubierto

1.1.2.C a) 5; b) 9; c) 2; d) 7; e) 8; f) 1; g) 3; h) 4; i) 6

1.1.2.D 1. Hemos visto 2. he estado 3. he tenido 4. he parado 5. hemos hecho 6. ha sido 7. he invitado 8. he dicho

1.1.2.E El pretérito perfecto se forma con el presente del verbo HABER más el participio del verbo elegido.

1.2.1.A a) 21 de abril de 1996   b) 1996   c) Semana del 21 al 27 de abril de 1996

1.2.1.B a) Hace dos horas   b) Hace un mes

1.2.1.C Hoy Juan ...
        1.- Se ha despertado a las 8 de la mañana.
        2.- Se ha levantado a las 8:30.
        3.- Ha desayunado.
        4.- Ha ido a trabajar.
        5.- Ha comido con sus compañeros.
        6.- Ha salido muy tarde del trabajo.
        7.- Ha vuelto a casa a las 10 de la noche.

1.2.1.D El pretérito perfecto se usa con expresiones temporales como hoy, este año, esta semana, todavía, ya, etc.

1.2.1.E El pretérito perfecto se usa con expresiones temporales relacionadas con el momento en que se habla.

1.2.2.A a) Michael Jackson
b) Fidel Castro

1.2.2.B
a) Has comido   b) Has visto   c) Has ido
d) Has visitado   e) Has estado   f) Has bebido
g) Has bailado

Si has respondido **SÍ** a más de cuatro preguntas, puedes considerarte un verdadero español, si no, tienes que seguir insistiendo.

1.2.2.C
El pretérito perfecto (he dicho, has dicho) se usa para hablar de experiencias vividas ya c
no vividas todavía a lo largo de nuestra vida hasta hoy.

1.3.A
a) Se ha estropeado   b) Ha olvidado la cartera en casa
c) Ha llegado tarde al trabajo d) Le ha dado trabajo extra
e) No ha comido nada hoy

1.3.B

	DECIR	HACER	VOLVER	VER
Yo	he dicho	he hecho	he vuelto	he visto
Tú	has dicho	has hecho	has vuelto	has visto
Él, ella, usted	ha dicho	ha hecho	ha vuelto	ha visto
Nosotros, nosotras	hemos dicho	hemos hecho	hemos vuelto	hemos visto
Vosotros, vosotras	habéis dicho	habéis hecho	habéis vuelto	habéis visto
Ellos/as, ustedes	han dicho	han hecho	han vuelto	han visto

1.3.C
-El hombre YA HA LLEGADO a la luna.
-YA SE HA DESCUBIERTO la vacuna contra la malaria.
-YA HA NACIDO la televisión.

-Los médicos TODAVÍA NO HAN ENCONTRADO un remedio contra el cáncer.
-Ninguna mujer HA SIDO TODAVÍA presidente de EEUU.
-Nadie HA VIVIDO TODAVÍA más de 150 años.

2.A
-Llevó
-Llevar

2.1.1.A
a) 1789 ; b) 1969 ; c) 1945 ; d) 1936 ; e) 1996 ; f) 1898 ; g) 1492; h) 1939

2.1.1.B
b) Llegar; c) terminar; d) comenzar; e) celebrar; f) perder; g) descubrir; h) salir

2.1.1.C
Empezaron ➡ Todos los invitados excepto María   Perdiste ➡ Enrique
Llegamos ➡ Mónica y Enrique   Dejó ➡ Pedro
Terminasteis ➡ María y los invitados   Llegué ➡ María
Acosté ➡ Enrique

-AR: Pensasteis, pensó, mandaste, pensé, compraron, mandé

-ER/-IR: Escribimos, vivió, salieron, vendí, saliste, bebió, comí, comió

	PENSAR	BEBER	CREER	ESCRIBIR	ABRIR
Yo	pensé	bebí	creí	escribí	abrí
Tú	pensaste	bebiste	creíste	escribiste	abriste
Él, ella, usted	pensó	bebió	creyó	escribió	abrió
Nosotros, nosotras	pensamos	bebimos	creímos	escribimos	abrimos
Vosotros, vosotras	pensasteis	bebisteis	creísteis	escribisteis	abristeis
Ellos/as, ustedes	pensaron	bebieron	creyeron	escribieron	abrieron

Al verbo LEER

a) Todos tienen dos vocales (a, e, i, o, u) juntas

b)   CREER - creyó

HUIR- huyeron

CAER - cayó

CONSTRUIR - construyó

LEER - leyeron

	CREER	LEER	CAER	HUIR
Yo	creí	leí	caí	huí
Tú	creíste	leíste	caíste	huiste
ël, ella, usted	creyó	leyó	cayó	huyó
Nosotros, nosotras	creímos	leímos	caímos	huimos
Vosotros, vosotras	creísteis	leísteis	caísteis	huisteis
Ellos/as, ustedes	creyeron	leyeron	cayeron	huyeron

1. Saliste 2. quedé 3. entregaste 4. envié

1. Nació 2. estudió 3. formó 4. lograron 5. grabó

1. Entraron 2. publicó 3. nació 4. expulsaron 5. salió 6. llegó 7. descubrió

a) Fue

b) Hice

c) Yo conseguí. Corresponde al verbo **conseguir**

2.1.2.B a) Pidió   b) Durmió / Durmieron   c) Siguieron

2.1.2.C a) 11 : b) 9 ; c) 12 ; d) 2 ; e) 6 ; f) 3 ; g) 5 ; h) 1 ; i) 7 j) 4 ; k) 8 ; l) 10

2.1.2.D

Verbos con -u	Verbos con -i	Verbos con -j
Estar: estuv-	Venir: vin-	Decir: dij-
Andar: anduv-	Querer: quis-	Traer: traj-
Saber: sup-	Hacer: hic/z	
Poder: pud-		
Poner: pus-		
Tener: tuv-		
Haber: hub-		

2.1.2.E Comí/puse y comió/puso

2.1.2.F a) Yo; b) tú; c) ella; d) nosotros; e) vosotras; f) ustedes; g) usted

2.1.2.G

	TRAER	PODER	ANDAR	VENIR
Yo	traje	pude	anduve	vine
Tú	trajiste	pudiste	anduviste	viniste
Él, ella, usted	trajo	pudo	anduvo	vino
Nosotros, nosotras	trajimos	pudimos	anduvimos	vinimos
Vosotros, vosotras	trajisteis	pudisteis	anduvisteis	vinisteis
Ellos/as, ustedes	trajeron	pudieron	anduvieron	vinieron

2.1.2.H Diego Velázquez
   a) En 1622 fue por primera vez a Madrid
   b) Al final de su vida le dieron el título de caballero de Santiago
   c) Fue un famoso pintor español

2.1.2.I a) Yo; b) ellos; c) yo; d) vosotros; e) nosotras; f) usted; g) tú

2.1.2.J a) El, ella, usted; b) yo; c) él, ella, usted; d) él, ella, usted; e) yo; f) yo; g) yo; h) él, ella, usted; i) yo; j) él, ella, usted; k) yo

2.1.2.K El pretérito indefinido (fui, comiste, hizo) tiene tres tipos de verbos **irregulares.** Existen verbos como **dormir** y **seguir** que cambian la vocal **o** en **u** y la vocal **e** en **i** en las formas **él, ella, usted** y **ellos, ellas, ustedes.** Existen otros verbos, como **saber** o **tener**, que cambian mucho y tienen unas terminaciones especiales en las formas **yo** y **él, ella, usted.** Por último, algunos verbos como **ir** y **ser** son totalmente **irregulares.**

2.2.A ¿Qué día corresponde a **ayer**? 2 de abril de 1996
¿Qué año corresponde a **el año pasado**? 1995
¿Qué año corresponde a hace cinco años? 1991
¿Qué mes corresponde a **el mes pasado**? marzo

2.2.B a) Comenzó -- 1936
c) Hubo -- febrero
b) Murió -- Cervantes
d) Fue -- Carlos III

2.2.C 1. Vi 2. decidimos 3. echaron 4. ocurrió 5. pasé 6. arregló

2.2.D a) 3 ; b) 4 ; c) 1 ; d) 2

2.2.E a) 2   b) 2

2.3.A b) Comió c) saliste d) trabajaron e) bebió f) creyeron g) caí

2.3.B b) Hacer c) poner d) decir e) pedir f) dormir g) ser/ir h) dar i) querer j) tener

2.3.C 1. Nació 2. licenció 3. estuvo 4. terminó 5. fue 6. apareció 7. fue 8. exilió 9. fue 10. recibió 11. murió

2.3.D 1. Fueron 2. mezclaron 3. fueron 4. divulgaron 5. enriquecieron 6. dejaron 7. fue 8. apareció 9. añadió 10. empezó

2.3.E 1. Tuvisteis 2. pude 3. dejé 4. pudiste 5. hiciste 6. senté 7. observé

3.1.A b) Ayer me puse unos vaqueros/ Hoy me he puesto un traje de Armani
c) Ayer comí en casa/ Hoy he comido en el Hotel Palace
d) Ayer fui a trabajar/ Hoy he ido de compras

3.1.B

FUIMOS MUY FELICES	HEMOS SIDO MUY FELICES
En 1990	Hoy
Hace cinco años	Esta semana
El año pasado	Este mes
Ayer	Este año

3.1.C	a) 7	e) 1
	b) 3	f) 8
	c) 4	g) 2
	d) 5	h) 6

3.1.D	a) Destruyó	d) Fichó	g) Murió	j) Dijo
	b) Mató	e) Regresó	h) Comenzó	k) Perdió
	c) Ganó	f) Admitió	i) Batió	l) Visitó

3.1.E a) Falso; b) falso; c) verdadero; d) verdadero

3.2.A
a) Hoy ha sido el día más feliz de mi vida
b) En 1986 España entró en el Mercado Común
c) Ayer los alumnos no tuvieron clase
d) Este año los políticos han subido los impuestos
e) La semana pasado Julián y yo fuimos a Suiza

3.2.B 1. Ha sido 2. encontré 3. vino 4. fue 5. he hecho 6. he dedicado

4.1.A	a) Unías	d) Dabas
	b) Ganabas	e) transmitía
	c) Perseguía	

4.1.B a) Ganaba   b) Perseguías

4.1.C
a) Dar -él - daba
b) Servir - ellos - servían
c) Visitar - ellos - visitaban

4.1.D
a) Nosotros trabajábamos
b) Vosotros teníais

4.1.E

	HACER	CANTAR	TARBAJAR	QUERER
Yo	hacía	cantaba	trabajaba	quería
Tú	hacías	cantabas	trabajabas	querías
Él, ella, usted	hacía	cantaba	trabajaba	quería
Nosotros, nosotras	hacíamos	cantábamos	trabajábamos	queríamos
Vosotros, vosotras	hacíais	cantabais	trabajabais	queríais
Ellos/as, ustedes	hacían	cantaban	trabajaban	querían

-ABA	-ÍA
levantar	comer
andar	crecer
estar	vivir
	venir
	traer
	leer
	decir

4.1.G   a) Era   b) Iba   c) Veía

4.1.H   ERA, IBA Y VEÍA son formas irregulares, mientras que LLOVÍA Y PATINABA son formas regulares del pretérito imperfecto.

4.1.I

SER	IR	VER
era	iba	veía
eras	ibas	veías
era	iba	veía
éramos	íbamos	veíamos
erais	ibais	veíais
eran	iban	veían

4.1.J   a) Falso; b) verdadero; c) verdadero

4.2.1.A   Si has respondido **Sí** a más de tres preguntas, realmente eras un niño bueno

4.2.1.B   a) Obedecías; b) Faltabas; c) Llevabas; d) Hacías; e) Ayudabas

4.2.1.C   b) Acciones que se producen habitualmente

4.2.1.D   a) 2; b) 3; c) 4; d) 1

4.2.1.E   a) Antes trabajaba más
b) Antes salía muy tarde
c) Antes ganaba muy poco
d) Antes comía en el trabajo
e) Antes vivía con sus padres
f) Antes jugaba al fútbol los domingos

4.2.1.F El pretérito imperfecto (era, decías, hablaba) se usa cuando hablamos de acciones que ocurren con frecuencia en el pasado. Este tiempo verbal no nos dice nada sobre el final de la acción. No sabemos si acaba o continúa en el presente.

4.2.2.A a) Era
b) Tenía
c) Era
d) Tenía

4.2.2.B Mahatma Gandhi llevaba gafas, era zurdo, estaba muy delgado y tenía bigote.

4.2.2.C 1. Era 2. llovía 3. llenaban 4. mojaba 5. buscaban 6. era

4.2.2.D 1. Eran 2. eran 3. venían 4. tenía 5. gastaba

4.2.2.E El pretérito imperfecto (era, decías, hablaba) se usa para describir una situación del pasado. Sirve también para expresar acciones habituales.

4.3.A a) Hace algunos años iban todas las semanas
b) Hace algunos años salían todos los sábados por la noche
c) Hace algunos años viajaban una vez al año
d) Hace algunos años jugaban todos los días
e) Hace algunos años trabajaban juntos
f) Hace algunos años tenían un coche

4.3.B 1. Tenían 2. acababa 3. salían 4. veía

.1.1.A
-PONER: suponer, componer, proponer
-HACER: deshacer, rehacer
-TRAER: distraer,contraer, atraer
-DECIR: contradecir, predecir, bendecir
-VENIR: intervenir
-VOLVER: envolver, devolver
-TENER: mantener, entretener
-SEGUIR: perseguir, conseguir

.1.1.B

a) Distrajeron	h) Atrajeron
b) Deshiciste	i) Bendije
c) Contraje	j) Supuso
d) Propuso	k) Contradijiste
e) Predijo	l) Sostuvimos
f) Compusimos	m) Persiguieron
g) Rehicisteis	n) Consiguió

.1.2.A La terminación de tercera persona del plural (ellos, ellas, ustedes) del verbo PRODUCIR no es **-ieron** sino **-eron**.

.1.2.B

INTRODUJERON	ellos, ellas, ustedes	introducir
DEDUJE	yo	deducir
CONDUJISTE	tú	conducir
PRODUJO	él, ella, usted	producir
TRADUJIMOS	nosotros/-as	traducir
DEDUJO	él, ella, usted	deducir
INDUJO	él, ella, usted	inducir
PRODUJISTEIS	vosotros/-as	producir
DEDUJIMOS	nosotros/-as	deducir

.1.2.C En el pretérito indefinido los verbos que terminan en -DUCIR cambian la -C- por una -J- y, en la forma "ellos-ellas-ustedes", se usa la terminación -ERON (y no -IERON).

1.2.A
a) Ha sido - se han mantenido - fue - vio - pasearon
b) Ha sido - se han mantenido

1.2.B
a) Con Hero Baby **siempre he salido** ganando. **Siempre he preferido** el sabor de las papi-llas y tarritos Hero Baby.
Siempre he sabido apreciar su naturalidad y con ellas estoy creciendo sano y feliz.
b) **Nunca hemos dicho** que sea la mejor reflex del mercado.
Lo dicen ustedes.

c) **En los últimos 150 años** el hombre **ha aprendido** a volar, a utilizar la electricidad e incluso a viajar por el espacio, pero **aún no ha descubierto** uno de los secretos mejor guardados del mundo.

1.2.C a) **ABRAHAM LINCOLN (1809-1865)**

16º presidente (republicano) de los EEUU, entre 1861 y 1865. **El mismo año de su elección,** los Estados de la Unión **entraron** en guerra con los secesionistas del Sur. **En 1863,** Lincoln **declaró** la Proclamación de Emancipación para liberar a los esclavos.

b) **MIGUEL DE CERVANTES**

Miguel de Cervantes y Saavedra, gran figura de las letras españolas, **nació** en Alcalá de Henares **en 1547. En 1605**, con casi sesenta años, **publicó** con gran éxito la primera parte de la historia de *El ingenioso hidalgo Don Quijote* de la Mancha. Tras escribir doce *Novelas ejemplares*, numerosas piezas de teatro y una extensa obra poética, **murió** en Madrid el **23 de abril de 1616**, el mismo día que Shakespeare.

1.2.D

UNA VEZ MÁS, CALVO

Desde hace más de cincuenta años, CALVO vino/**ha venido** aportando una clara inquietud innovadora en el mundo del Atún. Ya **en 1966 procedimos**/hemos procedido al desarrollo del Atún en envase redondo. Más tarde, **en 1976, diseñamos**/hemos diseñado e **implantamos**/hemos implantado en el mercado el actual Pack de tres latas. **Hoy** le presentamos el COMPACTO, un nuevo formato con el que contribuimos de forma eficaz a preservar nuestro Medio Ambiente debido a la mayor facilidad para su reciclaje, ya que eliminamos/**hemos eliminado** las partes prescindibles de la antigua presentación (la proporción de hojalata y aceite) manteniendo idéntica cantidad de atún. Y todo ello, con un nuevo diseño que incorpora grandes ventajas para usted.

Descúbralas y verá cómo con CALVO, todo está cada vez más claro.

1.2.E a) **MERYL STREEP**

- Nació hace 43 años en Nueva Jersey
- **Estudió música en la escuela femenina Vassar**
- Debutó en el cine en 1977 con un pequeño papel en *Julia*
- **Ha sido nominada seis veces a los Oscars y ha conseguido dos estatuillas (*Kramer contra Kramer* y *La decisión de Sophie*)**

b)

En su infancia estudió música en la escuela femenina Vassar
Cuando era adolescente estudió música en la escuela femenina Vassar
Hasta ahora ha sido nominada seis veces a los Oscars y ha conseguido dos estatuillas
A lo largo de su carrera ha sido nominada seis veces a los Oscars y ha conseguido dos estatuillas

1.2.F Pretérito perfecto - pasado - pretérito indefinido - presente

1.3.A 1. Atravesó 2. Quedó 3. Llegó 4. se presentó 5. hicieron 6. se inauguró

1. Han cambiado 2. han sido entrenados 3. han enseñado 4. han aprendido 5. se ha registrado 6. se ha quedado 7. han recibido

1. He visto 2. he sabido 3. ha cambiado 4. se marchó 5. se fue

a) HABITUALES

-Compraba cerveza y la escondía en mi habitación
-Su padre le llevaba al bar y le daba un moscatel o una quina
-Me pegaban
-En la mili me arrestaban por estar borracho
-En la mili me pegaba con mis compañeros

b) NO HABITUALES

-Mis padres dejaron de hablarme
-Llegó un momento en que...

c)

(UNA VEZ; UN DÍA)

-Mis padres dejaron de hablarme
-Llegó un momento en que...

(TODAS LAS SEMANAS; NORMALMENTE; CON FRECUENCIA; SIEMPRE)

-Compraba cerveza y la escondía en mi habitación
-Su padre le llevaba al bar y le daba un moscatel o una quina
-Me pegaban
-En la mili me arrestaban por estar borracho
-En el calabozo me pegaba con mis compañeros

1. Se sentaban 2. comían 3. metían 4. colocaban 5. obligaban 6. se utilizaban 7. empezaban 8. era 9. estaban

-Solíamos hacer bromas durante nuestra infancia...
-Todas las tardes ... iba a visitarles
-Se sentaba allí
-Se fumaba un cigarrillo
-Charlaba con ellos
-Les silbaba

a)

-Zenobia Camprubí, la mujer de Juan Ramón Jiménez "**tenía** un carácter indómito, **tomaba** las grandes decisiones y su alto sentido de la responsabilidad le **hacía** volcarse hacia su marido en un papel amoroso y de sacrificio voluntario".

- Rafael Alberti dedicó estas palabras a su compañera:

"María Teresa León **era** una muchacha maravillosa, quizá, sin presunción por mi parte, la chica más guapa de Madrid. No **se podía** andar con ella porque la calle **se paraba** y **había** tipos que **decían** piropos, unos finos, otros groseros. Y yo **tenía** que ir siempre de guardia".

Sólo aparece un tiempo verbal: el pretérito imperfecto.

b)

1. Zenobia Camprubí tenía un gran sentido de la responsabilidad y su carácter era muy fuerte.

2. María Teresa León era, según Alberti, la chica más guapa de Madrid.

2.1.2.B 1. Era 2. se tumbaban 3. gritaban 4. se arrugaban 5. vigilaban 6. visitaban 7. esperaban 8. intercambiaban 9. hacían 10. se arremolinaban 11. orinaba.

2.1.2.C A finales del siglo XV, cuando los europeos llegaron al Nuevo Mundo, **vivían** aquí aproximadamente veinte millones de personas, si se cuenta solamente la zona al Norte del Río Grande... Con el tiempo se desplazaron hacia el Sur, para establecerse finalmente en diferentes regiones a todo lo largo de América del Norte y del Sur.
Era una población diversa. Unos **vivían** en ciudades o pueblos y **labraban** la tierra y otros **vivían** en palacios de doscientas habitaciones excavadas en las rocas. Dos siglos antes de Colón, Cahokia, un área ceremonial en la costa del río Mississipi, cerca de lo que es hoy San Luis, **tenía** una población de treinta mil habitantes, la misma que la de Londres en aquel entonces.
En 1492, **había** más de mil tribus de habitantes nativos, que **hablaban** doscientas lenguas diferentes. Su promedio de vida (35 años) **era** el mismo que el de los europeos, y su vida era tan variada como en cualquier lugar de la tierra.

2.1.2.D Usamos el pretérito imperfecto para hablar de acciones que ocurren con frecuencia en el pasado. También lo utilizamos para describir personas, cosas o situaciones.

2.1.3.A No, se refiere al presente. Se puede sustituir por un presente de indicativo: "le traigo".

2.1.3.B La forma más cortés es **traía**

2.1.3.C **Pueden** y **podrían**

2.1.3.D 1. Vengo, venía 2. quiere, quería, querría 3. puede, podía, podría

2.1.3.E En deseos y peticiones se usa frecuentemente el pretérito imperfecto para indicar cortesía.

2.2.A Te castigaron

2.2.B Estaba bromeando

2.2.C Él me lo pedía

2.2.D No tenían dinero y no querían pedírselo a sus padres.
Iban disfrazadas y llevaban pistolas de juguete.
Se sentían culpables.

2.2.E a) ¿670 km por una puesta de sol en Tarifa? Dicho y hecho nos fuimos los cinco en el cinquecento.

b) Teníamos habitación en el mejor hotel de San Sebastián... y sin embargo amanecimos dentro de mi cinquecento con unas vistas asombrosas del mar.

c) Agosto 15:30, 45 grados. El agua ya no era suficiente para calmar el calor. Nos metimos en el cinquecento y pasamos una tarde muy fresquita.

2.2.F   1. Necesitaba 2. estaba 3. tenía 4. quería

2.2.G

HECHOS

Se le estropeó la máquina.   Se puso a darle martillazos.
Me asomé a la ventana.   Me pidió dos mil pesetas.
Le grité que subiera a casa.   Le di las mil pesetas.

CIRCUNSTANCIAS

Tenía trabajo acumulado.   Había un hombre gritando.
No tenía tanto dinero.

2.2.H   Había una vez un hombre perdido en el desierto. Hacía un calor sofocante y estaba muerto de sed. Entonces suplicó a Dios que le enviara algo para beber. Afortunadamente sus ruegos fueron escuchados y del cielo cayó una botella. Intentó abrirla por todos los medios pero era imposible. Como no conseguía abrirla, empezó a lanzar maldiciones al cielo exigiendo un abridor. Sin embargo, lo único que obtuvo fue un sacacorchos.

2.2.I   El moderno limpiaparabrisas **fue**/era inventado en 1916. Hasta entonces, los automovilistas tuvieron/**tenían** que sufrir la continua falta de visibilidad debida a la lluvia, polvo o nieve. Muchos inventores **intentaron**/intentaban dar con un mecanismo que mantuviese impecables los cristales. La idea que más éxito **alcanzó**/alcanzaba **fue**/era una gran pala de caucho que se accionó/**se accionaba** manualmente desde el interior del automóvil.
En 1916 y de la mano de la empresa americana Willys Knight **surgió**/surgía el parabrisas moderno, con funcionamiento mecánico, y nada más aparecer, **triunfó**/triunfaba por completo. Con el paso de los años **mejoró**/mejoraba su tecnología hasta llegar a los modelos actuales.

2.2.J   a) Era   d) Se llamaba
b) Fue   e) Fue
c) Pintó   f) Terminó
La respuesta correcta es siempre la número 1.

2.2.K   1. Llegó 2. se apresuraron 3. era 4. se abrió 5. convocaron 6. era 7. atormentaba

2.2.L   1. Tenía 2. he venido 3. ha comentado 4. llegué

2.2.M   a) Era/fue
b) Padeció
c) Ha representado
d) Era
e) Nació   La respuesta correcta es siempre la número 2.

2.2.N
a) Verdadero
b) Falso
c) Verdadero

2.3.A
Doña Juana **nació**/nacía el 6 de noviembre de 1479 en el viejo alcázar de Toledo. Se l **impuso**/imponía el nombre de Juana en recuerdo de Juana Enríquez, madre del rey cató lico don Fernando, a la que **llegó**/llegaba a parecerse tanto que, en broma, la reina Isabe la **llamó**/llamaba "suegra" y don Fernando "madre".

No fue/**era** hermosa; pero según los retratos de Juan de Flandes, tuvo/**tenía** un rostro ova lado muy fino, ojos bonitos y un poco rasgados; el cabello fino y castaño, lo que l hizo/**hacía** muy atractiva.

Desde pequeña **dio**/daba muestras de tener un carácter muy extremado. Educada piadosa mente, a veces durmió/**dormía** en el suelo o se flageló/**flagelaba** siguiendo las historia de los santos que le contaban. Como es lógico, sus padres y sus educadores procuraba frenar estas tendencias. Por otra parte, aprendió no sólo a leer y a escribir, sino que tuv una educación esmerada, y a los quince años leyó/**leía** y habló/**hablaba** correctamente e francés y el latín.

2.3.B
1. Ha salido 2. he dejado 3. me acordaba 4. he contestado

2.3.C
Había - amó - tenían - pretendía - sabía

3.1.A
a) Habían vivido
b) Ellos

3.1.C
a) Habíais salido (vosotros)
b) Habíamos estado (nosotros)
c) Habías dicho (tú)
d) Había quedado (él)
e) Había prometido(yo)

3.1.C
El pretérito pluscuamperfecto (había ido) se forma con el pretérito imperfecto del verbo HABER y el participio del verbo.

3.1.D	HACER	VER	HABLAR	DECIR
Yo	había hecho	había visto	había hablado	había dicho
Tú	habías hecho	habías visto	habías hablado	habías dicho
Él, ella, usted	había hecho	había visto	había hablado	había dicho
Nosotros, nosotras	habíamos hecho	habíamos visto	habíamos hablado	habíamos dicho
Vosotros, vosotras	habíais hecho	habíais visto	habíais hablado	habíais dicho
Ellos/as, ustedes	habían hecho	habían visto	habían hablado	habían dicho

3.2.A
a) VOLVÍA A SALIR   HABÍA ENTRADO
   2   1

b) ME ENTERÉ   HABÍA MUERTO
   2   1

3.2.B **YA**

Cuando empezó la segunda guerra mundial, Hitler ya había llegado al poder en Alemania
Cuando murió Isabel la Católica, Colón ya había descubierto América
En 1990 ya había caído el muro de Berlín

AÚN/TODAVÍA NO

En 1950 el hombre aún no había llegado a la luna

3.2.C El pretérito pluscuamperfecto se usa para hablar de acciones pasadas anteriores a otras acciones pasadas.

3.3.A 1. Habían hecho 2. había viajado 3. había vivido 4. había intentado

3.3.B **ANTES**

Los niños ya se habían ido a la cama
Ya había terminado su programa favorito

EN ESE MOMENTO

Su marido hizo la cena
Se dio cuenta de que era muy tarde
Se tumbó en el sofá y se quedó dormida

4.1.A Estaba faenando

4.1.B a. Estuvo lloviendo; b. estaba estudiando; c. he estado trabajando; d. había estado hablando.

4.1.C a. Estaba (2); b. estuvo (1); c. ha estado (2); d. estuvo (1).

4.1.D 1. Estuve trabajando 2. he estado buscando 3. estuve estudiando 4. estaban viviendo

4.1.E Para expresar acciones en desarrollo, durativas o repetidas, utilizamos ESTAR+ gerundio. Podemos utilizar este grupo verbal en los distintos tiempos del pasado.

4.2. Prosperaban (estaban prosperando); crecían (estaban creciendo); viví (estuve viviendo); atravesaba (estaba atravesando); se iniciaba (se estaba iniciando).

1.1.A a) Desde entonces hemos vuelto muchas veces
Ahora que he descubierto ...
b) Había de todo, zapatos, juguetes, sillas, ropa, ...
Estaba todo a la vista ...
Mientras mi madre hablaba con las de TUTTOCHICCO ...
c) La conozco desde que nací
Yo pude dedicarme a investigar
Fue toda una experiencia (*)
Una de ellas encontré la camiseta de mi vida
(*) Lo que importa en esta frase no es describir la situación sino indicar que el momento
que se describe ya acabó.

1.1.B a) Al principio no paraba de dar vueltas mientras sus ojos me decían ...
b) Decían
c) Sí
d) 1. Falso 2. Falso

1.1.C a) Interesó. En este caso expresaría lo mismo.
b) El pretérito pluscuamperfecto tiene, en algunas ocasiones, el mismo valor que el pretérito indefinido.

1.1.D a) 1
b) Cuando utilizamos el pretérito indefinido lo que nos interesa es informar de que una
acción o un hecho del pasado ha llegado a su final. Lo consideramos terminado. En cambio, cuando utilizamos el pretérito imperfecto, lo que nos interesa no es el hecho en sí
mismo, sino la situación que ese hecho describe.

1.1.E 1. Era 2. se podía 3. acompañaba 4. llamábamos 5. se desarrolló 6. emprendió 7. obtuvo 8. mejoró 9. traspasó 10. puso

1.1.F 1. habéis pasado 2. hemos estado 3. había visto 4. hemos hecho 5. nos levantábamos 6.
nos íbamos 7. estábamos 8. volvíamos

1.1.G **Corrían**/corrieron los años cuarenta cuando unos empresarios catalanes residentes en
Méjico deciden entrar en el sector de la producción y distribución de productos de panificación, bollería y pastelería, intentando comercializar pan de molde en rebanadas. No
había/**hubo** excesivas consultas a publicitarios para ponerle un nombre, lo decidían/**deci-
dieron** entre todos ellos, contando incluso con la opinión de familiares. La idea del pan
tierno y jugoso les conducía/**condujo** hasta la más abstracta noción de "ternura", y la ternura en aquellos tiempos **tenía**/tuvo un nombre: "Bambi", el gracioso cervatillo de los
dibujos animados. Pero "Bambi" **era**/fue de Walt Disney y utilizarlo hubiera supuesto
pagar derechos, así que **había**/hubo que jugar con las vocales de la palabra: "bambi",

"bambo", "bembo", etc. hasta que aparecía/**apareció** "Bimbo". El osito vestido de panadero que **acompañaba**/acompañó al logotipo **era/fue** producto de la imaginación de la esposa de uno de los socios.

1.2. 1. He presumido 2. ha ayudado 3. llevaba 4. había escogido 5. estaba 6. estaba 7. deseaba 8. hizo 9. se acomodó 10. se dispuso 11. había visto 12. empezaba 13. había despertado 14. llevaba 15. agudicé 16. oí 17. acercó 18. arrebató 19. bebió 20. dio 21. había llegado 22. me di 23. vi 24. sabía 25. estaba 26. planeaba 27. planeaba 28. estaba 29. chapoteaba 30. era

2.1.A **a)** Sí, **dejó**, **se celebró**

b)

      1. Se amotinaban = se amotinaron
      3. Se iniciaba = se inició
      4. Presentaba = presentó
      5. Designaba = designó
      6. Lograba = logró; acababa = acabó
      7. Atentaban = atentaron
      8. Invadía = invadió
      9. Se producía = se produjo

2.1.B En los textos periodísticos e históricos se usa con frecuencia el pretérito imperfecto en lugar del pretérito indefinido.

2.1.C Daría (dio)
Sería (fue)
Daría (dio)
Terminaría (terminó)
Acabaría (acabó)

2.1.D En el lenguaje formal es frecuente usar el condicional en lugar del pretérito indefinido para hablar del futuro con respecto de un punto del pasado.

2.2.A a) Se refieren al pasado
b) Casi me parto una pierna
c) Pertenecen a la lengua informal

2.2.B Entró - secuestró - notificó - murió - dimitió

2.2.C Corrían - perdían - elegía - querían - aceptaban - quedaban - pagaba - pasaban - se contaban - vio - llevó - consiguió - daban

2.2.D En la lengua formal (sobre todo en los textos históricos y en el lenguaje periodístico) se usa a veces el presente para hablar del pasado.
En la lengua informal también utilizamos el presente para hablar de acciones que estuvieron a punto de suceder o para dar mayor énfasis al relato.

2.3
Aparece ➡ apareció
Pasaría ➡ pasó
Gozarían ➡ gozaron
Duraría ➡ duró

Vuelve ➡ volvió
Se organiza ➡ se organizó

3.1.A
a) Iba - quería - decías - era - hemos decidido

b) Decías y hemos decidido

c) El pretérito imperfecto se utiliza para indicar que una acción está a punto de realizarse. También lo utilizamos para pedir que se nos confirme una información.

3.1.B
a) Llamabas - pensaba

b) Porque no ha oído bien o porque no recuerda su nombre. En cualquier caso lo que quiere es que se lo repita.

c) Pienso ir a Atenas este verano.

d) Utilizamos el pretérito imperfecto para pedir que se repita una información que ya nos han dado. También lo usamos para introducir información nueva de una manera abierta, con la posibilidad de cambiar de idea.

3.1.C
a) Empiezan
   Contaría

b) En la lengua informal usamos el pretérito imperfecto en lugar del condicional cuando queremos expresar que la acción podría realizarse.
El pretérito imperfecto también sustituye al presente en el lenguaje informal cuando nuestros planes no se desarrollan como esperábamos, es decir, cuando queremos expresar contrariedad.

3.1.D
a) Le encargué lo que quería

b) El pretérito pluscuamperfecto se usa para hablar de acciones pasadas inmediatamente posteriores a otras acciones pasadas.

3.2.A
Necesitaba= necesitaría
Me iba= me iría

3.2.B
a) Ya salía
b) Pensaba ir ...

c) ¿Me decías?
d) ¿Te llamabas?

4.1.A
a) Con estuvo, dijo, supo, hizo, vino, tuvo
b) ÉL, ELLA, USTED
c)   Yo hube declarado
        Tú hubiste hecho
        El, ella, usted hubo salido
        Nosotros hubimos dicho
        Vosotros hubisteis terminado
        ellos, ellas, ustedes hubieron comprado

4.1.B	LLEGAR	HACER
Yo	hube llegado	hube hecho
Tú	hubiste llegado	hubiste hecho
Él, ella, usted	hubo llegado	hubo hecho
Nosotros, nosotras	hubimos llegado	hubimos hecho
Vosotros, vosotras	hubisteis llegado	hubisteis hecho
Ellos/as, ustedes	hubieron llegado	hubieron hecho

4.2.A **Había declarado** y **declaró**

4.2.B No

4.2.C Una vez
Cuando

4.2.E El pretérito anterior se utiliza con muy poca frecuencia en español. Aparece, sobre todo, en textos de carácter formal o literario.
Con este tiempo nos referimos a una acción pasada inmediatamente anterior a otra acción también pasada.

4.3 Se hubo vestido
Se vistió/ se había vestido

5.1.A a) "Esta cena la pago yo"
b)
Número 1: la persona que habla acepta como válidas las palabras que está transmitiendo, por eso es más probable que piense que va a pagar la cena.
Número 2: la persona que habla se limita a transmitir la información.
c) Dijiste que la pagabas tú

5.1.B a) Con la respuesta número 2.
b) ¡Pero si usted me dijo que podían ser un par de dormilonas!

5.1.C a) "La esperanza es el sueño del hombre despierto"
b) Sí

5.1.D Cuando reproducimos un mensaje en ESTILO INDIRECTO con un verbo introductor en pretérito indefinido (dijo), es necesario cambiar los tiempos verbales si las circunstancias temporales también han cambiado. En cambio, si el mensaje sigue siendo válido o si las circunstancias temporales son las mismas, no es necesario, aunque sí frecuente, cambiar los verbos.

5.1.E a) No, son mensajes que sólo son válidos y verdaderos en el momento en que se dijeron.

b)	1) Incorrecto	4) Correcto	7) Correcto
	2) Incorrecto	5) Correcto	8) Correcto
	3) Correcto	6) Correcto	9) Correcto

a) 1 y 2
b) 1 y 2
c) 2

a) JERôME KLAPKA DIJO QUE le agradaba mucho el trabajo, que incluso le fascinaba; que podía sentarse y contemplarlo horas enteras. AÑADIÓ QUE gozaba con tenerlo cerca de él, y que la idea de librarse de él le rompía el corazón.

b) RALPH EMERSON WALDO DIJO QUE nada grande se había realizado/se ha realizado sin entusiasmo.

c) FRIEDRICH NIETZSCHE DIJO QUE la madurez del hombre era/es haber vuelto a encontrar la seriedad con que jugaba cuando era niño.

d) ORTEGA Y GASSET DIJO QUE en la vida cada día que pasaba le interesaba bastante menos ser juez de las cosas y que iba prefiriendo ser su amante.

1. "Su mujer nos dijo esta mañana que está en la cama con gripe"
2. "Su mujer nos dijo esta mañana que estaba en la cama con gripe"
¡"Pero si tu mujer nos dijo que estabas en la cama con gripe"!

PRETÉRITO PERFECTO (O PERFECTO COMPUESTO)

Verbos regulares:

HABLAR	COMER	VIVIR
he habl-ado	he com-ido	he viv-ido
has habl-ado	has com-ido	has viv-ido
ha habl-ado	ha com-ido	ha viv-ido
hemos habl-ado	hemos com-ido	hemos viv-ido
habéis habl-ado	habéis com-ido	habéis viv-ido
han habl-ado	han com-ido	han viv-ido

Verbos irregulares:

DECIR	Participios irregulares	
he dicho	HACER	hecho
has dicho	VOLVER	vuelto
ha dicho	PONER	puesto
hemos dicho	ESCRIBIR	escrito
habéis dicho	ROMPER	roto
han dicho	VER	visto
	MORIR	muerto
	ABRIR	abierto

PRETÉRITO INDEFINIDO (O PERFECTO SIMPLE)

Verbos regulares:

HABLAR	COMER	VIVIR
habl-é	com-í	viv-í
habl-aste	com-iste	viv-iste
habl-ó	com-ió	viv-ió
habl-amos	com-imos	viv-imos
habl-asteis	com-isteis	viv-isteis
habl-aron	com-ieron	viv-ieron

Verbos con -y:

CREER

cre-í
cre-íste
crey-ó   (LEER, CAER, HUIR...)
cre-ímos
cre-ísteis
crey-eron

Verbos irregulares:

- e ➡ i   **SENTIR**

sent-í
sent-iste
sint-ió
sent-imos   (PEDIR, SEGUIR...)
sent-isteis
sint-ieron

- o ➡ u   **DORMIR**

dorm-í
dorm-iste
durm-ió   (MORIR)
dorm-imos
dorm-isteis
durm-ieron

Verbos con raíz y terminaciones especiales

SABER

sup-e
sup-iste   **HACER-** hic/z
sup-o   **VENIR-** vin-
sup-imos   **QUERER-** quis-
sup-isteis   **TENER-** tuv-
sup-ieron   **PODER-** pud-
      PONER- pus-
      HABER- hub-
      ANDAR- anduv-
      ESTAR- estuv-

Verbos con -j

TRAER

traj-e
traj-iste   **DECIR-** dij-
traj-o   **CONDUCIR-** conduj-
traj-imos
traj-isteis
traj-eron

Verbos totalmente irregulares

SER/IR   **DAR**

fui   di
fuiste   diste
fue   dio
fuimos   dimos
fuisteis   disteis
fueron   dieron

PRETÉRITO IMPERFECTO

Verbos regulares:

HABLAR	COME	VIVIR
habl-aba	com-ía	viv-ía
habl-abas	com-ías	viv-ías
habl-aba	com-ía	viv-ía
habl-ábamos	com-íamos	viv-íamos
habl-abais	com-íais	viv-íais
habl-aban	com-ían	viv-ían

Verbos irregulares:

SER	IR	VER
era	iba	veía
eras	ibas	veías
era	iba	veía
éramos	íbamos	veíamos
erais	ibais	veíais
eran	iban	veían

PRETÉRITO PLUSCUAMPERFECTO

Verbos regulares:

HABLAR	COMER	VIVIR
había habl-ado	había com-ido	había viv-ido
habías habl-ado	habías com-ido	habías viv-ido
había habl-ado	había com-ido	había viv-ido
habíamos habl-ado	habíamos com-ido	habíamos viv-ido
habíais habl-ado	habíais com-ido	habíais viv-ido
habían habl-ado	habían com-ido	habían viv-ido

Verbos irregulares:

DECIR	Participios irregulares
había dicho	**HACER** - hecho
habías dicho	**VOLVER** - vuelto
había dicho	**PONER** - puesto
habíamos dicho	**ESCRIBIR** - escrito
habíais dicho	**ROMPER** - roto
habían dicho	**VER** - visto
	MORIR - muerto
	ABRIR- abierto

PRETÉRITO ANTERIOR

Verbos regulares:

HABLAR	COMER	VIVIR
hube habl-ado	hube com-ido	hube viv-ido
hubiste habl-ado	hubiste com-ido	hubiste viv-ido
hubo habl-ado	hubo com-ido	hubo viv-ido
hubimos habl-ado	hubimos com-ido	hubimos viv-ido
hubisteis habl-ado	hubisteis com-ido	hubisteis viv-ido
hubieron habl-ado	hubieron com-ido	hubieron viv-ido

Verbos irregulares:

DECIR

hubo dicho
hubiste dicho
hubo dicho
hubimos dicho
hubisteis dicho
hubieron dicho

Participios irregulares

HACER - hecho
VOLVER - vuelto
PONER - puesto
ESCRIBIR - escrito
ROMPER - roto
VER - visto
MORIR - muerto
ABRIR- abierto

GERUNDIO: Forma del verbo que termina en -NDO.

INFINITIVO: Forma del verbo que termina en -AR, -ER o -IR.

NÚMERO: Variación del verbo y otros tipos de palabras que indica, normalmente, si hablamos de una unidad (singular) o de varias (plural).

PARTICIPIO: Forma del verbo que termina en -ADO o -IDO (excepto en algunos verbos irregulares: *escrito*, *roto*, *dicho*).

PERSONA: Variación del verbo y otros tipos de palabras que nos permite referirnos al emisor (el que habla: primera persona), al receptor (al que se habla: segunda persona) o a otra persona (que no interviene, o aquello de lo que se habla: tercera persona).

PRESENTE: Tiempo del verbo que expresa una acción habitual actualmente o una acción que está fuera del tiempo (por ejemplo, *tiene*, *miramos*, *vas*).

PRETÉRITO ANTERIOR: Tiempo del verbo compuesto de dos palabras que presenta una acción del pasado que ha acabado inmediatamente antes que otra acción también pasada. *Ej.: hubo dicho.*

PRETÉRITO IMPERFECTO: Tiempo verbal que presenta una acción del pasado en el momento en que ocurre, sin indicar su comienzo o final. *Ej.: miraba.*

PRETÉRITO INDEFINIDO O PERFECTO SIMPLE: Tiempo verbal que expresa una acción pasada, acabada y completa. *Ej.: tuve.*

PRETÉRITO PERFECTO O PERFECTO COMPUESTO: Tiempo verbal compuesto de dos palabras que expresa una acción que acaba de realizarse en el momento en que se habla. Se usa también para expresar una acción pasada que tiene alguna relación con el presente. *Ej.: he dicho.*

PRETÉRITO PLUSCUAMPERFECTO: Tiempo verbal compuesto de dos palabras que expresa una acción del pasado anterior a otra acción también pasada. *Ej.: había hecho.*

TERMINACIÓN: Parte final del verbo que aporta la información gramatical (tiempo, persona, número). *Ej.: habl-é.*

VERBO REGULAR: Es aquel que se forma de acuerdo con las reglas generales. *Ej.: cantar.*

VERBO IRREGULAR: Es el que no sigue las reglas generales. *Ej.: saber.*